Youtube Video: Emotionen kontrollieren, Hubertus Ihn

Das Seelenleben

Prolog

Die germanische Seele

Die griechische Seele

Die römische Seele

Die ägyptische Seele

Die kollektive Seele und ihr Ursprung bzw. des emotionalen Feldes

Religiöse Erklärung (Ein Gottesbeweis)

Nicht religiöse Erklärung

Freude

Glück

Gelassenheit

Liebe

Angst

Trauer

Emotionsatlas, Maps of Emotions, Dalai Lama

Die Entwicklung der Götterwelten zum Geist und zur Seele

Psychische Gesundheit und Psychopathologie

Gefühle, Emotionen und Seele

Gott

Religiöse Erklärung (Ein Gottesbeweis)

Träume

Theorie der Emotionen

Prolog

Der Lehrer des Yogi, Yoganand, Sri Yukiswar definierte Glück als Liebe und Freude.

Eudämonie im Deutschen als Glück bezeichnet, kann man wie folgt ableiten: Eu als Vorsilbe bedeutet, wohl, schön oder gut. Das Wort Daemon bedeutet, Mittler zwischen der höheren, unsichtbaren oder unbewussten Welt (Gott) und dem Menschen.

Wir müssen uns jetzt die Frage stellen: Was ist der Mittler oder sind die Mittler zwischen uns und der höheren, unsichtbaren und unbewussten Welt?

Die germanische Seele

Die Seele. Aus dem alt germanischen abgeleitet, bedeutet die aus dem Wasser kommende.

See gleich Wasser. Le gleich kommend.

Die Germanen waren von viel Wald und insbesondere Wasser umgeben, beobachteten, dass das Wasser, die unbedingte Voraussetzung für Leben, in Form der Pflanzen ist.

Insofern entstand das Leben und damit die Seele aus dem Wasser.

Die griechische Seele

Seele in in die griechische Sprache übersetzt, heißt Psyche.

Psyche: aus dem altgriechischen abgeleitet, bedeutet, das Innere des Korns. Das, woraus Baguettbrot gebacken wird.

Das Korn, das Jahre, vielleicht Jahrhunderte in der Wüste liegt, wenn Wasser drauf fällt entsteht das Leben nämlich eine Pflanze und schließlich die Tiere und die Menschen.

Die Griechen waren im Gegensatz zu den Germanen mehr mit Wissen und Trockenheit vertraut und hatten beobachtet, dass aus einem Korn, Leben entsteht.

Die römische Seele

Die Psyche beschäftigt sich mit den Gefühlen. Das lateinische Wort für Gefühle lautet Emotionen.

Wir denken, dass unsere Gedanken, unsere Logik uns leitet.

Doch unterbewusst bzw. unbewusst leiten uns die Emotionen bzw. Gefühle.

Im lateinischen bedeutet Emotion etwas der Seele bzw. Psyche, denke ich, verwandtes. Definieren wir das diesseitige der Seele, Emotion ins Deutsche übersetzt, Das Bewegte, Das Bewegende oder das aus der Ruhe heraus bewegte. E bedeutet im lateinischen heraus, movere bedeutet, bewegen. Das kann man gleichsetzen durch das Wort herausbewegt. Woraus herausbewegt. Aus der Ruhe! Zur Erinnerung, im englischen heißt bewegen, to move.

Nachdem die griechische und germanische sprachliche Bedeutung der Seele und Psyche, Aussagen über den Ursprung der Seele, Wasser, Innere des Korns gemacht haben, beschreibt das lateinische Wort Emotion Eigenschaften des diesseitigen Teils der Seele, ihre Bewegung, Bewegtheit.

Betrachtet man das Wort genau Emotion E gleich herraus, movere gleich bewegt, so gebietet die Logik aus der Ruhe heraus bewegt.

Nimmt man, die aus der Sprache des lateinischen abgeleiteten Thesen an, so gibt es zwei diesseitige Zustände der Seele: Erstens den Ruhezustand und zweitens den bewegten oder bewegenden Zustand. Der Bezug zum hinduistischen Wort Atman (der Hauch) können wir bezüglich der Emotion, des Herausbewegten, ebenso ziehen. Der Hauch, ein Kind des Windes, bewegt etwas in der körperlichen, materiellen Welt. Ich werde später bei Atman wieder anknüpfen.

Verlassen wir vor erst in diesseitigen Teil der Seele und wenden uns der verwunschenen, verborgenen, religiösen und jenseitigen Teil der Seele zu.

Die Religionen haben viele Begriffe für den jenseitigen Teil der Seele, dem Bewohner des Himmels.

Die ägyptische Seele

Vor ca. 3350 Jahren entstand die Idee eines ägyptischen Pharaos mit dem Namen Echnaton, es gebe nur einen Gott. Der Sonnengott, des Sonnenuntergangs Amon Re sollte durch Aton, den Gott des Sonnenaufgangs ersetzt werden. Die Vielgötterei sollte damit ein Ende finden. Ob Aton als Sonnengott anzusehen ist oder als Lebensenergie in Form der Seele, ist strittig. Zu diesem Zeitpunkt möglicherweise aber weit davor entstand bei den Ägyptern die Idee des Lebens nach dem Tod. Spätestens um 1350 vor Christi unterschieden die Ägypter drei Formen der Seele: Ach, ka und ba.

Ach bedeutet die Leuchtkraft der Seele (Geist, Gedanken) .

Ka ist die Lebensenergie(Psyche, Seele, die den Körper belebt und die in das Jenseits zurückgekehrt)

und ba, das sind die Erscheinungen der Emotionen also Angst, Trauer, Freude, Schmerz usw.

(Vgl. Tutanchamon, S. 233, 2000, Herausgeber, Valeria Manferto De Fabianis,Laura Accomazzo, Kai Müller Verlag, Köln, Deutschland)

Entweicht mit dem Tod des Körpers der jenseitige Teil der Seele, der das Organische belebt, ausmacht und definiert, sowie sich vom Anorganischen zentral unterscheidet, so existiert die Seele, wie auch immer, weiter. Ist dieser Teil im Organismus nicht mehr vorhanden, so verbleibt nur noch dass Anorganische. Das Belebende oder Lebende, dass den Organismus ausmacht, existiert nicht mehr. Organ aus dem griechischen übersetzt heißt Werkzeug. Ein Organismus ist somit ein belebter Werkzeugkasten, bestehend aus den Werkzeugen wie Herz, Lunge, Leber, Haut, Magen, Füßen, Ohren, Augen, Nase, Mund usw.. Die Werkzeuge sind tote Materie, wenn der Körper nicht mehr belebt ist. Die Psyche (griechisch) ins Deutsche übersetzt heißt Seele. Es gibt zwei Zustände der derzeitigen Seele, den Zustand der Ruhe und den Zustand der Bewegung. Den Zustand der Bewegtheit nennen wir Emotionen. Der Geist (Gedanken) schwimmt auf den Emotionen und kann die Emotionen durch Erkenntnis beeinflussen.

Die kollektive Seele und ihr Ursprung bzw. des emotionalen Feldes

Religiöse Erklärung (Ein Gottesbeweis)

Es wäre möglich über die naturwissenschaftliche Erkenntnis einen Gottesbeweis zu führen

Die Wärmelehre entwickelte den Satz der Entropie. Gemäß dem Satz der Entropie ist es nicht möglich, dass aus einem geschlossenen System Energie entweicht. Alle Energie bleibt erhalten. Die Verwandlung der Energie kann durch Druck und Temperatur geschehen. Niemals geht Energie ve rloren.

Wendet man diese Erkenntnis auf die Seele und die diesseitigen Aspekt der Seele, den Emotione an und nimmt weiter an, dass es sich bei der Seele und den Emotionen um ein Feld handelt mit den Polen Ruhe und Unruhe, so könnte man schließen, dass das Beleben durch dieses Feld geschieht. Geht man weiterhin davon aus, dass das Feld von außen in den Menschen (Organismus) eintritt, so wäre das Feld dafür verantwortlich, dass der Organismus lebt.

Anorganisches, darüber sind wir wohl uns alle einig, besitzt keine Lebensenergie. Ich wage mich weiter vor und sage keine Emotionen. Pflanzen und Tiere scheinen von diesen Emotionen vielleicht in verschiedenen Formen ebenso beseelt zu sein.

Wenn nun diese Lebensenergie von außen eintritt und nach dem Tode des Menschen oder Organismus wieder Austritt und man wendet den Satz der Energieerhaltung der Entropie an, so müsste diese Energie, handelt es sich um ein geschlossenes System, erhalten bleiben. Die Seele müsste in das Energiereservoir zurückkehren. Demzufolge gebe es eine höhere Macht, ein Energiefeld, das außerhalb des Menschen und der Organismen bestehen müsste.

Nicht religiöse Erklärung

Eine weitere Möglichkeit wie anorganisches belebt wird, wäre folgende. Die aus Aminosäure bestehenden Molekülketten schließen sich zu einer RNA oder DNA zusammen, die Zelle wird durch Information gesteuert, das ergibt die neueste Krebszellenforschung.

Der Einzeller aus dem wir vermutlich laut wissenschaftliche Erkenntnis erschaffen sind, bindet Molekülketten so zusammen, dass Leben entsteht. Nehmen wir an, dass wie bei vielen Feldern, zum Beispiel dem elektrischen Feld bei dem zwei gegensätzliche Pole, plus und minus, ein elektrisches Feld erzeugen, ein ähnlicher Vorgang bei der Zusammenbindung der Molekülketten stattfindet.

Anders gesagt, die sich bildenden Molekülketten des Einzellers erzeugen diese Pole und damit ein lebensenergetisches, emotionales Feld, mit seinen Polen Ruhe und Unruhe, so wäre der vorgenannte Gottesbeweis hinfällig.!!!!!!!!!!!!!!!!!!!!!

Unter der Voraussetzung, dass die Lebensenergie der Seele und der diesseitigen Emotion ein Feld ist, bleibt daher die Frage, ist dieses seelisch, emotionale Feld, ein Feld äußerlich der Moleküle die das Leben bilden, zu finden oder wird das Feld durch die Struktur der Moleküle erzeugt?

Mit Messgeräten ist es möglich emotionale Änderungen durch elektrische Hautwiderstandsmessungen, beispielsweise mittels Lügendetektor nachzuweisen. Die elektrische Ströme an der Körperoberfläche, der Haut werden ausgelöst durch emotionale Änderung. Ähnlich wie bei einem magnetischen Feld, dass das elektrische Feld beeinflusst sind solche Vorgänge zwischen dem emotionalen und dem elektrischen Feld möglich.

Es lassen sich möglicherweise beide Vorstellungen verbinden. Die Lebensenergie, " Ach „ der Alten Ägypter verbindet nicht nur die Menschen sondern alles Lebendige (Organische).

Freude

Es handelt sich um den Dienstag, den 3.2.2015 in einem Café in München. Die Google Suche ergab keinen Eintrag unter dem Stichwort Freude! Stattdessen kamen solche Einträge wie Freudenhaus! Kein Eintrag bei Google unter dem Stichwort Freude!?

Ich gab nicht auf und sagte mir, es muss doch einen Eintrag bei Wikipedia geben. Keine Freude bei Google aber Wikipedia, tatsächlich, eine Definition, Freude ist abgeleitet aus dem Begriff froh. Freude bedeutet so etwas wie:, eine helle oder heitere Stimmung, ein Frohgefühl, bei der Freude fühlt man sich wohl, es sind alle seelischen Bedürfnisse erfüllt. (Wikipedia) und die Skala geht von Lächeln bis zum Freudenschrei. Aber es gibt noch die Schadenfreude. Epikur verbindet die Freude mit Lust. Konfuzius sieht die Freude in Verbindung mit dem Satz, „der Weg ist das Ziel".Der Buddhismus verbindet Freude mit der rechten Lebensweise, Ausgeglichenheit und Selbsterkenntnis und kennt weiterhin die Mitfreude. In diesem Zusammenhang wird auch noch das Mitleid von Nietzsche und Schopenhauer als Gegenteil genannt.

Als Gegensatz wird häufig das Leid gesehen. Meiner Meinung nach sind Leid und Lust die Gegensatzpaare. Die weiteren Gegensatzpaare sind Trauer und Freude (vergleiche Spinoza).

Weitere Literatur gibt es bei Wikipedia so gut wie nicht.

Die Philosophie widmet sich dem Begriff der Freude ebenso wie die Psychologie in ihren schriftlichen Erörterung nicht. Mich befriedigte die Auskunft von Wikipedia nicht. Wenn wir einmal annehmen dass das Gegenteil von Freude die Trauer ist, so meine Überlegung, müsste man Freude näher erklären können. Die Trauer ist verbunden mit Verlust. Wenn der Mensch oder das Säugetier etwas verliert, den geliebten andern, ein Stück von sich selbst oder ein Gegenstand, so reagiert er häufig mit Trauer. Ein Verlust erzeugt also die Trauer. Kann man nun daraus ableiten, wann der Mensch oder der Hund mit Freude reagiert? Beim Hund kann man es deutlich beobachten. Der Hund freut sich, wenn er einen bekannten Menschen begegnet. Der Mensch zeigt manchmal ähnliche Verhaltensweisen.

Reagiert der Mensch also auf Verlust mit Trauer, so reagiert der Mensch bei einem Gewinn mit Freude. Es ist erfreulich einen geliebten Menschen wieder zu sehen, zu gewinnen, etwas Neues zu erleben, in einer guten Atmosphäre sich aufzuhalten oder mittels eines Kindes sein Leben fortzuführen. Kinder, Enkel usw. bereiten den Menschen Freude. Jedes Mal wenn ich bei diesem Programm das Wort Freude diktiere, schlägt mir im weiteren das Schreibprogramm, Freudenhaus vor.

Bei meinen häufigen Besuchen auf Bali, wo ich bereits 15 mal war, stellte ich fest, dass viele Balinesen ein vorwiegend freudiges Verhalten aufweisen. An keinem Ort der Erde begegneten mir so viele lachende und sich freuende Menschen.

In fast allen anderen Teilen der Welt insbesondere in der westlichen Welt, sehe ich ernste, traurige, melancholische Gesichter und Körperhaltungen. Die Kabarett- und Comedysendungen sprechen meiner Meinung nach tendenziell die Schadenfreude an.

Bei Sportveranstaltungen begegnet man, wenn der eigene Landsmann gewinnt, der Freude.

Die Handlungen und Gespräche der Menschen der westlichen Welt sind gekennzeichnet von Ernst, Problemen und Problemlösungen. Allerdings habe ich als Unternehmensberater viele Unternehmer kennen gelernt, wo es ratsam war, dass Wort Problem nicht zu benutzen. Ein Unternehmer sagte mir sogar, Probleme gibt es nicht, es gibt nur Lösungen. Ein Lachen war bei diesem Satz auf seinem Gesicht nicht zu sehen.

Die technik- und arbeitsorientierte westliche Gesellschaft ist vielleicht auf dem falschen Weg?Verstehen Sie mich nicht falsch! Ich bin keinesfalls technikfeindlich. Die Technik bringt sicherlich dem Menschen viele Annehmlichkeiten und gerade dem deutschsprachigen Raum einen hohen materiellen Wohlstand. Aber ob sie zur Freude führt, wage ich zu bezweifeln.

Die Technik führt also zu einem Gewinn, einem materiellen Gewinn, Wohlstand. Sie werden es kaum glauben, mein Schreibprogramm bietet mir nach Wohlstand immer wieder das Wort Freude an. Seltsam! Aber die Menschen kommen mir, nicht wie die Balinesen, freudig vor.

Es mag für sie seltsam vorkommen, insbesondere kleine Kinder, Hunde und Balinesen zeigen häufig Freude. Ich erinnere mich an meine Kindheit. An die fünfziger Jahre des 20. Jahrhunderts. Mindestens zwei oder dreimal im Monat feierten meine Eltern mit vier anderen Paaren, Geburtstage und andere Anlässe. Es ging mit Waldmeister Bowle hoch her. In den sechziger Jahren des 20. Jahrhunderts war alles vorbei. Darüber habe ich mich sehr gewundert. Warum war das so? Der schreckliche Krieg war vorbei. Es geht aufwärts. Waschmaschinen, Fernseher, Autos usw. bescherten ein angenehmes Leben. In den sechziger Jahren kam nicht mehr viel hinzu. Arbeit und der Alltag beherrschten das Leben.

Es kann mit den 68 und der Hippie Bewegung bei der Jugend zu einem Aufstand gegen den Muff. Bei den Studenten und ihren Anhängern erfolgte ein letztes Aufbäumen der Freude. Manche von ihnen sehen das wohl anders.

Meine Studien- und Assistenzzeit an der Universität in Hamburg war von Partys, lustigen Zusammenkünften und Reisen mit lustigen Freunden gekennzeichnet. Plötzlich Anfang der achtziger Jahre war das alles vorbei, in der Küche versammelten sich die Gäste, es wurde aber nicht mehr gefeiert, es war auch nicht mehr lustig sondern man führte Problemgespräche über sich und die Welt. Nachdem ich das drei oder viermal erlebt hatte, beendete ich diese merkwürdigen Feiern.

Es kommt mir der Gedanke an Schillers Ode an die Freude bzw. Freude schöner Götterfunken.

Warum der Mensch nicht zur Freude finden kann!

Nietzsche hat sich wie die meisten Philosophen nicht mit den Gefühlen beschäftigt sondern mit dem logischen Bewusstsein, das von Gedanken geprägt ist. Nietzsche sieht die Werte, ein Konstrukt der Gedanken als Hauptübel des unterdrückten, unfreien Menschen an.

Als Kamel bezeichnete Nietzsche den Herdenmenschen, der gefangen in seinen Werten, die Last der Existenz trägt. Der Mensch als Löwe symbolisiert, überwindet den Drachen der Werte. Und es führt den Menschen zu seinem inneren Kind, das spielt. Das spielende Kind ist für Nietzsche das Ziel für den von seinen Werten befreiten Menschen.

Schopenhauer als Pessimist erklärt, dass es unmöglich sei im Kollektiv seine Individualität zu leben. Nur mittels Musik und Mitleid, so Schopenhauer, kann der Mensch in der unsinnigen Gesellschaft, sein nicht zu lösendes Leid, lindern.

Glück

Eudämonie aus der griechischen in die deutsche Sprache übersetzt, bedeutet Glück. Die Glücksforschung hat festgestellt, dass Menschen, die eher reinen Gewissens sind (tugendhaft), altruistisch (für andere etwas tun), sich in Gemeinschaften aufhalten, verheiratet und religiös sind, laut ihren eigenen Aussagen, sich glücklicher als andere sehen. Außerdem Anstrengung , Aktivität und Flow (Flow bedeutet Strömung, in Bewegung sein und eine Belohnung erfahren) zu verstärktem Glück führen. Geld und materielle Güter sowie Konsum führen nur unwesentlich oder gar nicht zu Glück.(Der Glücksfaktor, Martin Seligmann).

Die Glücksforschung mißt Glück bezüglich verschiedener Bereiche wie:

Liebe

Beruf

Finanzen

Freizeit

Freunde

Gesundheit

Produktivität

Insgesamt

(Vergleiche: Der Glücksfaktor, Martin Seligmann, Seite 142)

Der Lehrer des Yogi, Yoganand, Sri Yukiswar definierte Glück als Liebe und Freude.

Eudämonie im Deutschen als Glück bezeichnet, kann man wie folgt ableiten: Eu als Vorsilbe bedeutet, wohl, schön oder gut. Das Wort Daemon bedeutet, Mittler zwischen der höheren, unsichtbaren oder unbewussten Welt (Gott) und dem Menschen.

Wir müssen uns jetzt die Frage stellen: Was ist der Mittler oder sind die Mittler zwischen uns und der höheren, unsichtbaren und unbewussten Welt?

Nehmen wir an, es seien die Gefühle! Nehmen wir außerdem an, es seien die reinen Gefühle, die sich von den gemischten Gefühlen unterscheiden.

Reine Gefühle kann man wie folgt klassifizieren:

Positive   -   negative

Liebe   -   Hass

Freude   -   Trauer

Mut   -   Angst

Wohl sein,
schmerzlos? - Schmerz   ? Gibt es andere Begriffe?

Gelassenheit? - Wut   -   ? Gibt es andere Begriffe?

Lust ?   -   Leid ?

Gemischte Gefühle zum Unterschied zu reinen Gefühlen sind mit körperlichen Empfindungen, gedanklichen oder andern Gefühlen gemischt. Zum Beispiel Ärger, Zwang, Vergnügen usw..

Hätten wir bewussten und gedanklichen Zugang zu den reinen Gefühlen, die häufig unbewusst sind und könnten wir sie klar innerlich voneinander abgrenzen, so könnten Sie uns als Steuermann durch die Welt und unser Verhalten leiten. Die höhere Welt könnte uns durch ihre Mittler, die Gefühle anzeigen, was richtig oder falsch ist. Da wir diese Mittler bzw. diese Gefühlswelt häufig nicht gedanklich erfassen können, sind wir nicht in der Lage sie zu erkennen und zu nutzen. Häufig sind wir dieser Gefühlswelt ausgesetzt und wir werden von ihr individuell oder gesellschaftlich beherrscht. Wir können diese Gefühlswelt nur begrenzt sehen, hören, fühlen, wahrnehmen bzw. gedanklich erfassen.

Die unbewussten Gefühle treiben uns persönlich, in Gruppen und gesellschaftlich durch die Welt. Wir vertrauen unserem logischen Bewusstsein und der höheren Macht, die uns schon richtig leiten wird.

Freude, die Liebe, die Angst, die Trauer, der Mut, der Zwang usw. treiben uns an und durch die Welt. Arbeit, Leistung, Erfolg, Wachstum, Geld, technische Besessenheit, Schutz der Umwelt, Bedrohung der Lebensarten, Fortpflanzung, Belohnung usw. bilden die gedanklichen Antriebe.

Moral, Ethik und Tugend sind die Korrektive für unser egoistisches Handeln.

Angst, Schmerz oder andauernde Trauer (Depression) u.a. sind Anzeichen bzw. Warnungen der höheren Gefühlswelt, die anzeigen, dass wir etwas falsch machen. Diese Anzeichen sind häufig unserem Bewusstsein nicht zugänglich.

Die Logik dient der Feindsteuerung! Wir versuchen mit einem Instrument, das für detaillierte Betrachtungen geeignet ist, unser Leben zu steuern. Die Logik in der bisherigen Form, ist nur geeignet, enge Bereiche zum Teil, modellhaft zu erfassen.

Glück vom griechischen Wort Eudämonie abgeleitet, bedeutet: Einen guten Zugang zu dem Steuerungsinstrument Gefühl und seinen zwölf reinen Ausprägungen zu haben.

Das Gefühl(Thymus im griechischen genannt) spürt den Gefühlen insbesondere den eigenen aber auch den von außen kommenden Gefühlszuständen nach. Das Bewusstsein muss eine außerordentliche Leistung vollziehen:

Erstens, befindet sich mein Zustand im Ruhe oder ich bin von Emotionen bewegt?

Zweitens, in welchen Gefühlszustand befinde ich mich, welche Emotionen bewegen mich insbesondere, Angst, Freude, Wut, Mut, Trauer, Schmerz usw. und verhindern die Sichtweise auf andere Gefühle bzw. färben mein Blick des Bewusstseins ein.

Werfe ich einen traurigen oder freudigen Blick auf meine Umwelt. Sehe ich eher traurige oder freudige Aspekte der Umwelt. Ist mein Blick durch Angst, Zwang und Hetze eingetrübt? Ist mein Blick durch Liebe, Hass, Annahme oder Ablehnung, positiv oder negativ eingefärbt?

Drittens, welches Gefühl ist welchem bewussten Gedanken zuzuordnen?

Viertens, das Erlernen der Sprache der Gefühle und ihre Erfahrung.

Sicherlich bedeutet das, große Mühe und ist insbesondere zeitaufwändig.

Gelassenheit

In der Übersicht der zwölf reinen Gefühle ist als Gegensatz der Wut, die Gelassenheit definiert. Gelassenheit wird im griechischen als Ataraxie, was direkt übersetzt nicht Unruhe also Ruhe bedeutet.

Die Ruhe des Gefühls ist sein Grundzustand, demzufolge keine Gefühlsregung und damit keine Emotion aus der Ruhe heraustritt. Der Ruhezustand kann sicherlich gefühlt werden, ist dennoch keine Emotion im Sinne des Heraustretens. Nach langen Überlegungen und Diskussionen bin ich zur Überzeugung gelangt, dass die Gelassenheit nicht nur Ruhe bedeutet, sondern das sein lassen, beinhaltet.

Wenn sich etwas nicht bewegt (in Ruhe ist), sich dennoch bewegt, so scheint das im ersten Moment ein Gegensatz zu sein.

Wenn das Heraustreten aus der Ruhe nicht in eine emotionale Form, ein reines Gefühl, wie Wut, Angst, Freude, Liebe, Trauer usw. gegossen wird, sondern frei durch die Gefühle schwingt also das Gefühl gelassen wird, bezüglich seiner Schwingungen, dann handelt es sich um eine Form von Gelassenheit.

Einerseits lässt sich die Gelassenheit mit dem Satz, dem kaum merklichen Lächeln des Buddha, bezeichnen andererseits ist das Schwingen des Gefühls durch Ausgelassenheit, fröhlich, lustig, beschwingt, die Stimmung schlägt hoch und mit schöpferisch bzw. kreativ zu bezeichnen.

Der Gegensatz von Wut ist sicherlich etwas fahren lassen. Sich nicht so betreffen lassen sondern munter darüber hinweggehen. Einen Wütenden wird dies häufig noch wütender machen.

Möglicherweise ihn irritieren.

Bei Kindern, die den Gefühlen in der Regel näher sind als die Erwachsenen, ist das gut zu beobachten. Von einer Wut wechselt das Kind sehr schnell in eine fröhliche, heitere oder begeisterte Stimmung. Die Wut ist blitzschnell vergessen. Das Kind ist wieder ausgelassen. Ein umgekehrtes Verhalten von der Heiterkeit in die Wut ist ebenso möglich.

Zusammenfassend ist das Gegenteil der Wut, die beschwingte, heitere und harmonische Gelassenheit.

Wenn sich dieser Zustand der beschwingten, heiteren und harmonischen Gelassenheit als Charaktereigenschaft stabilisiert, ist das als Gemütszustand zu bezeichnen. In der Kategorisierung von Kretzschma heißt das sanguinisch. Das Gegenteil ist die cholerische, wütende Charakterstruktur oder Gemütsverfassung zu sehen.

In diesem Zusammenhang gibt es weiterhin, die traurige, melancholische und tendenziell depressive, phlegmatische Charakterstruktur.

Phlegmatisch kann als gebremstes, cholerisch als aufbrausendes und sanguinisch, als heiter beschwingtes Gemüt angesehen werden.

Die Gelassenheit kann sich bei Erwachsenen in verschiedenen Formen äußern.

Die heitere beschwingte Gelassenheit

Die bewölkte und verdunkelte Gelassenheit (In der Musik Moll)

Die ernste, unbewusst versteckten Gefühle (Äußerlich gelassene Persönlichkeit)

Die bewusst kontrollierten un versteckten Gefühle (Diplomatisches Verhalten, Coolness). Die gespielte äußerlich gelassene Persönlichkeit.

Persona aus dem lateinischen übersetzt, bedeutet Maske. Die beiden letzten oben genannten Formen sind als maskierte Gemütszustände der Gelassenheit aufzufassen.

Es wird etwas kompliziert. Die vier Formen der Gelassenheit können alle in maskierter Form auftreten. Es gibt allerdings einen Unterschied.

Die beschwingte und bewölkte Gelassene lässt Gefühle zu. Der Mensch arbeitet mit diesem Gefühlen und zeigt diese nach außen. Dieser Prozess benötigt Energie. Das ist das Repertoire der Schauspieler.

Die bewusst oder unbewusst versteckte Gelassenheit benötigt zwar auch Energie für seine Unterdrückung.Sie ist weniger energieintensiv.

Anm.: Meiner Meinung nach ist durch die Maskierung des Gemüts, der in der Öffentlichkeit stehenden Personen und der Schauspieler, eine Ursache für den verstärkten Drogenkonsum dieser Gesellschaftsgruppen zu sehen.

Die ständig verfälschten Gefühlszustände und Maskierung des Gemüts treiben den Menschen aus seiner Mitte, überfordern ihn und sind mit einem hohen Energieverbrauch verbunden. Um die Mitte wiederzufinden, sich wieder schnell aufzuladen und die Maskierung aufrecht zu erhalten, werden Drogen eingenommen.

Liebe

Der emotionale Charakter der Liebe bedeutet für viele Menschen Zuwendung, Zuneigung, sich wohl fühlen. Bei dem Verlust des Geliebten, Trauer empfinden. Gleichklang empfinden aber es kann und da wird es kompliziert, auch das Lieben gemeinsamer Dissonanz gemeint sein oder die masochistische oder sadistische Liebe. Im Extremfall die Nekrophelie, die Liebe zum Tod bzw. die Totenliebe. Auf der anderen Seite, die Liebe zum Kind.

Diese reinen Ausprägungen der emotionalen Liebe können in die zweite Form der körperlichen bzw. sexuellen Liebe übergehen.

Die dritte Form der Liebe ist die platonische oder geistige Liebe. Hier verknüpft sich die emotionale Liebe mit den Gedanken. Interessen, Denkweisen, Anschauungen, gemeinsame Handlungen und Werten der Menschen. Sie lieben die gleichen Gedanken und Handlungen. Golf, Fußball, Autos, Kinder, Luxus, emphatisches Verhalten, die Liebe zur Philosophie, Physik, Medizin usw. verbinden die Menschen.

Um sich mit dem Begriff der Liebe auseinander zusetzen, sei Platons Symposium empfohlen. Symposium ins Deutsche übersetzt heißt: Das Gastmahl. Im Gastmahl erzählt Sokrates sehr kurzweilig von der Liebe und deren Formen. Die Ausführung sei nicht von ihm sondern er hätte es von einer weisen Frau namens Diotima gehört. Die Liebe ist eine Art Göttin im Pantheon der alten Griechen.

Weitere Vertiefung zu dem Thema in Erich Fromm, Kunst des Liebens, und Menschliche Destruktivität.

Der erste Absatz unter Formen der Liebe bezeichnet die reine Form der Liebe. Die emotionale Liebe verbindet sich nicht mit dem Körper oder den Gedanken.

Die sexuelle Liebe wird auch als körperliche Liebe bezeichnet. Die Liebe als Emotion verbindet sich mit den Körper. Das wird als gemischtes Gefühl bezeichnet.

Die platonische oder geistige Liebe verbindet Gedanken mit der emotionalen Liebe. Es handelt sich also um ein gemischtes Gefühl. Vertiefung hinsichtlich der Klassifikationen in einem der nächsten Beiträge.

Angst

Die Angst ist in der Philosophie wenig angesprochen worden. Selbst Spinoza erwähnt sie nicht, obwohl er die Gegensatzpaare Liebe und Hass und Freude und Trauer anspricht. Kierkegaard, den einige auch als Großvater des Existenzialismus bezeichnen, hat als erster Philosoph die Angst in den Vordergrund seiner Betrachtung stellt.

Ängste haben die Menschen und die Lebewesen seit Anbeginn begleitet. Die durch Angst ausgelöste Flucht oder die durch Angst ausgelöste Aggression ist bei vielen Tieren und den Menschen zu finden und ist häufig instinktiv, intuitiv bzw. unbewusst angelegt. Angst wird gerne verdrängt. Es ist etwas bedrohliches. Lieber beschäftigt man sich gedanklich nicht damit. Das ist wohl auch der Grund warum in der Philosophie aber auch in der Literatur das Wort Angst so gut

wie gar nicht gebraucht wird. Obwohl gerade in der Literatur und in den heutigen Medien viele Angst auslösende Themen, die Inhalte bestimmen.

Das Wort Angst hat eine interessante Etymologie. Es stammt aus dem indogermanischen vom Wort anghu ab, welches beengend bedeutet. Angust (altdeutsch Angst) und angustus(Lateinisch) bedeutet Beengung oder Bedrängnis. Interessant ist auch, das im griechischen die Angst als Anchos und im lateinischen als Anxietas bezeichnet wird. Im englischen wird daraus Anxiety obwohl das Wort Fear (Furcht) eher benutzt wird. Im alltäglichen Sprachgebrauch der Angelsachsen wird am häufigsten das Wort to scare oder scaring benutzt. Dieses Wort bedeutet in der deutschen Übersetzung erschreckt sein. Also als Substantiv der Schrecken. Die große Überraschung ist, dass die Angelsachsen das Wort Anxietas besitzen, das unmittelbar aus dem griechischen bzw. lateinischen abgeleitet ist. Stattdessen wird aber aus dem deutschen die German Angst übernommen. Die German Angst wird im englischen im Sinne der Existenzangst oder im Sinne von grübeln benutzt. Die zeitlich stabile Charaktereigenschaft als Eigenschaft der Persönlichkeit im Gegensatz zu kurzfristig auftretenden Ängsten wird als State-Angst und Trait-Angst bei den Angelsachsen verwendet. Es wird deutlich mit welchem Unbehagen die Kulturen, hier insbesondere die Angelsachsen mit der Bewusstwerdung der Angst umgehen.

Es seien in diesem Zusammenhang auch die buddhistischen und hinduistischen Kulturräume genannt. Hier werden insbesondere die positiven Gefühle wie Liebe und Freude in den Vordergrund gestellt. Die negativen Gefühle werden unterdrückt, nicht öffentlich gezeigt und kaschiert.

Gleiches geschieht im Christentum mit dem Neuen Testament, in dem Liebe und Freude im Vordergrund stehen aber der Hass auf die Feinde aus dem Alten Testament , wird als schlecht gebrandmarkt. Der Rache des Gottes des Alten Testamentes und die Angst vor ihm wird ersetzt durch die Liebe Jesu. Die negativen Gefühle werden schon durch die griechische Philosophie, die die Tugend und das Gute in den Vordergrund stellen, als moralisch und ethisch verwerflich aus dem Bewusstsein gelöscht. In den Vordergrund treten die positiven Gefühle, wie die Liebe, Freude, Mut, Gelassenheit, Wohlsein und Lust. Die negativen Gegensatzpaare werden aus dem Bewusstsein gelöscht. Hass, Trauer, Angst, Wut, Schmerz und Leid sollen das Bewusstsein und die Gedanken nicht stören. Das Leid nimmt bei den Christen eine besondere Funktion ein. Christus übernimmt das Leid des gläubigen Christen, zu mindestens lindert er es durch sein Leiden.

Positive und negative Gefühle werden als störend für die Bewältigung der Existenz angesehen und aus dem Bewusstsein verdrängt. Die negativen Gefühle werden aufgrund der gedanklichen Bewertung noch wesentlich weiter aus dem Bewusstsein verdrängt als die positiven Gefühle. Sie führen somit ein Schattendasein im Bewusstsein. Die negative Gefühle bilden den unbewussten Schatten, den jeder Mensch in sich trägt. Seine Existenz, sein Sein und das Verhalten werden durch diesen Schatten nachhaltig geprägt. Der Mensch ist melancholisch, traurig, depressiv, ängstlich, zwanghaft, psychotisch usw.. Diese Eigenschaften können von anderen Menschen von außen beobachtet werden. Der jeweilig mit diesen Gefühlen infizierte Mensch kann seine Zustände in der

Regel nicht erkennen, sie werden ihm also nicht bewusst.

Der Schatten der negativen Gefühle beeinflusst das Handeln des Einzelnen sowie ganzer Kollektive, einerseits situationsbedingt, andererseits als tradiertes Handeln welches der Situation überhaupt nicht mehr entspricht.

Das Alte Testament, die Dramen des Sophokles, Shakespeare, Kafka, Dostojewski, Edgar Allen Po usw. beschäftigen sich mit dem Schatten, den negativen Gefühlen des Menschen. Unsere heutigen Medien sind überfüllt von ängstlichen Themen, Verbrechen und Kriminalstücken. Sie alle bedienen

das Gefühl der Angst. Die Angst wird genährt. Der Zustand der Angst muss erhalten bleiben. Wir alle setzen uns völlig unbewusst diesen Themen aus. Das von Angst getriebene Individuum, das sich in ein Angstkollektiv verwandelt. Das von Angst dominierte Handeln wird kaschiert in dem es als Wirtschafts und Existenz notwendig, gefordert wird.

Die Gefühle bzw. Emotionen haben eine Eigenschaft, die uns im naturwissenschaftlichen Bereich und im Alltag selten begegnet. Das erschwert auch die Erkenntnis hinsichtlich dieser Gefühle und Emotionen. Die charakterlich geprägten und stabilen Gefühle und Emotionen verbinden sich untereinander, mit den Gedanken, dem Körper, den kurzfristigen Gefühlen und Emotionen der Umgebung sowie der Situation. Eine Gemengelage durch das das Bewusstsein, vor allen Dingen das unruhige Bewusstsein und das durch die Schatten der negativen Gefühle beeinflusste, kaum hindurch sehen kann. Vor allem es gibt wichtigere Dinge zu tun. Die Existenzsicherung, die Arbeit und den Erfolg. Und somit übernimmt unbewusst der Schatten der negativen Gefühle das Kommando über unser Handeln. Wir können keine Lichtung in den Wald des Bewusstseins schlagen (Heidegger), wir fühlen uns wie eine Straßenkreuzung auf der etwas passiert, wir wissen aber nicht warum (Levi Strauss) oder wir haben ein Ziel, wissen aber nicht warum oder reden es uns schön. Fahren Sie mich irgendwohin, ich werde überall gebraucht. Die Gier und die Angst bestimmt unser Handeln. Die Horde setzt uns in Bewegung, das Individuum mitgerissen. Das Unwichtige wird zu dem vermeintlich Wichtigen erklärt. Das Gegacker der Interessen weist den Weg. Das Unglücklich sein verbreitet sich und wir wähnen uns vermeintlich glücklich. Die Gesichter und die Körperhaltung weisen in eine andere Richtung. Glückliche Menschen sehen anders aus. Starre, Abwesende, melancholische, deprimierte und ängstliche Minen und Körperhaltung begegnen uns. Aufgesetzte positive und optimistische Ausstrahlung kaschiert häufig die im Hintergrund webenden negative Gefühle und ihre Prägungen.

Die Gemengelage der Gefühlen und Emotionen ist bei den vielfältigen Beziehungen äußerst mühsam. Betrachtet man die Beziehung der reinen Gefühle untereinander oder auch zu den gemischten Gefühlen? Betrachtet man die Gedanken, den Geist und sein Einfluss auf die Gefühle oder umgekehrt. Ein zentraler Satz findet sich bei (Wotruba, existenziall psychologischen meditative Therapie, Petzold, Wege zum Menschen Bd. 1, Seite 527):

„Die von den Geistern oder dem Geist in Besitz genommene Seele." In diesem Zusammenhang ist gemeint, die Gedanken ergreifen Besitz von den Gefühlen. Das kann aber auch umgekehrt der Fall sein. Die Gefühle können die Gedanken in Besitz nehmen. Weiterhin kann der Körper Besitz von den Gefühlen und Gedanken nehmen. Über die Botenstoffe kann das geschehen. Diese Besitzergreifung ist kurzfristig aber auch als langfristiger Prozess, in Form von charakterlich prägenden Gefühlen (State- Gefühlen) möglich. Vertiefter Ausführungen erfolgen an anderer Stelle.

Im Weiteren wird die Angst als zentral bestimmendes Gefühl und seine Beziehungen betrachtet. Die Angst als langfristig geprägte Persönlichkeitseigenschaft wird unabhängig von ihrer Entstehung in Hinblick auf andere Gefühle betrachtet. Die Angst kann sich mit anderen reinen Gefühle verbinden und Ketten in Hinblick auf die gemischten Gefühle bilden. Die Angst kann sich mit Hass, Trauer, Schmerz aber ebenso mit Liebe verbinden. Zum Beispiel gibt es Menschen die aus Angst einen anderen Menschen lieben. Angst ihn zu verlieren usw.. Viele Menschen arbeiten oder passen sich aus Angst, insbesondere Existenzangst an. Hier besteht schon eine unmittelbare Verbindung zu den gemischten Gefühlen Zwang, Aggressionen und Gier.mit Angst können folgende Geistesformationen in Verbindung gebracht werden. Wotruba, Seite 565(Nyanatiloka):

1. Gier
2. Fehlansicht
3. Verblendung
4. Hass
5. Zweifelsucht
6. Dunkel
7. Unruhre
8. Starrheit
9. Gewissensbisse
10. Mattheit
11. Schamlosigkeit
12. Gewissenlosigkeit
13. Neid
14. Geiz

Trauer

Unter Google ist die Freude als Begriff nicht vermerkt. Wikipedia Einträge bezüglich der Freude sind knapp und es gibt nur ein Literaturhinweis. Zur Trauer dagegen gibt es viele Beiträge unter Wikipedia.

Der Gegensatz von Trauer ist Freude. Freude empfindet der Mensch will er etwas hinzu gewinnen. Mit Trauer reagiert der Mensch, wenn er etwas verliert. Trauer ist auch verbunden mit Leid und Schmerz. Das Gefühl oder die Stimmungslage die bei Verlust eines geliebten Wesen auftritt, ist Trauer. Leid und Schmerz. Diese Gefühle treten auch beim Verlust eines Teils des eigenen Leben auf. Weil der Mensch ein Teil seines Lebens verliert, trauert er. Das wird auch mit Betrübtheit, Depression, Niedergeschlagenheit, Schwermut, Trübsinn, Verdüsterung, Melancholie, Kummer, Gram usw. bezeichnet.

Freude wird mit den Wörtern, Fröhlichkeit, Glück, Zufriedenheit, Seligkeit, Euphorie, Begeisterung usw. beschrieben.

Neben dem Verlust von etwas geliebten, ist die Trauer, möglicherweise verbundenen mit einem Mangel an Lebensfreude und Rückzug von der Welt und anderen Menschen. Die Trauer kann auch in chronischer Form vorkommen.

Trauer und seelischer Schmerz, insbesondere durch Verlust, haben eine Verbindung zu anderen Gefühlen. Insbesondere der seelische Schmerz im Gegensatz zum körperlichen Schmerz führt zur Trauer. Schmerzliche Gedanken, also geistiger Schmerz kann ebenso zur Trauer führen.

Anzumerken ist in diesem Zusammenhang, dass alle Gefühle seelischen, körperlichen und geistigen Charakter haben können.

Zur Verdeutlichung dieses Zusammenhangs ein kurzer Exkurs zu den drei Formen seelischer, körperlicher und geistiger Verhaftung von Gefühlen. Die drei Formen sind schon in Ansätzen bei Sokrates ausgeführt. Vergleiche, Symposium (Gastmahl) von Platon.

Die Spielformen der Liebe:

Der emotionale Charakter der Liebe bedeutet für viele Menschen Zuwendung, Zuneigung, sich wohl fühlen. Bei dem Verlust des Geliebten, Trauer empfinden. Gleichklang empfinden, ist mit Liebe verbunden. Es kann, und da wird es kompliziert, auch das Lieben gemeinsamer Dissonanz gemeint sein oder die masochistische oder sadistische Liebe. Im Extremfall die

Nekrophelie, die Liebe zum Tod bzw. die Totenliebe. Auf der anderen Seite, die Liebe zum Kind.

Diese reinen Ausprägungen der emotionalen Liebe können in die zweite Form der körperlichen bzw. sexuellen Liebe übergehen.

Die dritte Form der Liebe ist die platonische oder geistige Liebe. Hier verknüpft sich die emotionale Liebe mit den Gedanken. Interessen, Denkweisen, Anschauungen, gemeinsame Handlungen und Werten der Menschen. Sie lieben die gleichen Gedanken und Handlungen. Golf, Fußball, Autos, Kinder, Luxus, emphatisches Verhalten, die Liebe zur Philosophie, Physik, Medizin usw. verbinden die Menschen.

Um sich mit dem Begriff der Liebe auseinander zusetzen, sei Platons Symposium empfohlen. Symposium ins Deutsche übersetzt heißt: Das Gastmahl. Im Gastmahl erzählt Sokrates sehr kurzweilig von der Liebe und deren Formen. Die Ausführung sei nicht von ihm sondern er hätte es von einer weisen Frau namens Diotima gehört. Die Liebe ist eine Art Göttin im Pantheon der alten Griechen.

Weitere Vertiefung zu dem Thema in Erich Fromm, Kunst des Liebens, und Menschliche Destruktivität.
Der erste Absatz unter Formen der Liebe bezeichnet die reine Form der Liebe. Die emotionale Liebe verbindet sich nicht mit dem Körper oder den Gedanken.

Die sexuelle Liebe wird auch als körperliche Liebe bezeichnet. Die Liebe als Emotion verbindet sich mit den Körper. Das wird als gemischtes Gefühl bezeichnet.

Die platonische oder geistige Liebe verbindet Gedanken mit der emotionalen Liebe. Es handelt sich also um ein gemischtes Gefühl. Vertiefung hinsichtlich der Klassifikationen in einem der nächsten Beiträge.

In gleicher Weise ist in rein seelische, körperliche und gedankliche (geistige) Trauer zu unterscheiden. Die Trauer kann sich hinsichtlich dieser drei Formen vermischen und sich auch mit anderen Gefühlen verbinden. Das ist eine Form von gemischten Gefühlen.

Die Trauer kann durch das Akzeptieren des Verlustes, die Klage, Gespräche oder das Aufsuchen des Ortes der Trauer überwunden werden.

Die Trauerprozesse von Wikipedia, Kast und Spiegel

Es gibt mehrere Phasenmodelle hinsichtlich der Überwindung der Trauer.

Phasenmodelle (Wikipedia)

15. Schock
16. Depression
17. Heilen der Wunden

Trauerprozess in vier Phasen nach Kast (Wikipedia)

1. Verleugnen des Verlusts (Nicht wahrhaben wollen)

2. Aufbrechende Emotionen (Trauer, Wut, Freude, Zorn, Angstgefühle und Ruhelosigkeit können einhergehen mit Schlafstörung. Schuldige werden gesucht.

3. Bewusst werden der Trauer, durch suchen, finden und sich trennen. In dieser Phase kommt es häufig zu Wutausbrüchen.

4. Neuer Selbst-und Weltbezug (Der Verlust wird akzeptiert)

Trauerprozess nach Yorick Spiegel (Wikipedia)

1.Schock (Diese Phase dauert nur einige Stunden oder Tage)

2. Kontrollieren der Emotionen (Durch Selbstkontrolle der Gefühle und Hilfe von außen. Die Phase ist durch Passivität, Leere und Kommunikationsstörungen gekennzeichnet).

3. Rückzug vom normalen Leben bzw. Regression und Auseinandersetzung mit der Trauer.

4. Anpassung

Zu dem Prozess der sich verfestigenden Trauer, die als Depression aufzufassen ist

Gehen wir davon aus, dass der Verlust, der wesentliche Anlass ist, der zur Trauer führt. Der Verlust eines geliebten Wesens, Gegenstandes oder eines Teils des eigenen Ichs. Mit dem Teil des eigenen Ichs, ist gemeint, ein Teil von mir kann nicht am Leben teilnehmen. Ein Teil von mir kann sich nicht entfalten. Der Mensch empfindet einen ungelebten Anteil. Der Menschen kann das Gefühl entwickeln, durch Überstrahlung anderer Anteile (Irridation genannt), dass er im ganzen nicht mehr lebt und die Sinnlosigkeit ihn erfasst.

Anzumerken ist, der eigene Tod ist die totale Vernichtung des eigenen Ichs.

Es stellt sich die Frage, wo ist der Unterschied zwischen Trauer und Depression (Niedergeschlagenheit)?

Gibt es einen Übergang von der Trauer zur Depression?

Die Phase zwei der oben genannten Trauerprozesse kennzeichnet die Depression. In dieser Phase bleibt der depressive Mensch stecken. Die Trauer verfestigt sich und wird zum Charaktermerkmal.

Bei der Depression übernimmt die emotionale Komponente der Trauer die Kontrolle über den ganzen Menschen oder einem großen Teil des Menschen. Der Mensch wird von der Trauer überflutet. Die Trauer ist zeitlich stabil.

Wie geht der Prozess des Übergangs von der Trauer zur Depression vor sich? Die Trauer breitet sich in Gehirn aus. Traurige Gedanken bestimmen einen großen Teil der auftretenden Gedanken (Gehirntätigkeit) es erfolgt, das Auftreten der geistigen Trauer.

Bleibt der Zustand der geistigen Trauer, befeuert durch die nicht bewältigte emotionale Trauer, längere Zeit erhalten, erfolgen körperliche Reaktionen.

Je nach Stärke(Schock) und Dauer der emotionalen Trauer können die körperlichen Reaktionen in schneller Abfolge oder gleichzeitig auftreten.

Die emotionale und geistige Trauer wird durch die körperlichen Reaktionen verfestigt.

Es stellt sich die Frage, welche körperlichen Reaktionen führen zur Verfestigung der Trauer?

Durch die Veränderung der Botenstoffe, Dopamine usw. Erfolgt das herunterfahren der körperlichen Aktivität.

Niedergeschlagenheit und zeitlich stabile Depression, verbunden mit emotionalen und geistigen Schmerzen, die auch in körperliche Schmerzen übergeben können, entsteht.

Durch die oben genannten Ausführung wird deutlich, welche Verbindungen zwischen den Gefühlen auftreten. Trauer kann zu Schmerz führen. Wiederum kann es eine Rückwirkung geben, dass der Schmerz zur Trauer führt.

Ein Unheil voller Prozess ist im Gange. Trauer und Schmerz übernehmen das Kommando über den Geist, die Seele und den Körper. Anders ausgedrückt, Trauer und Schmerz bereiten sich über die Gedanken, die Gefühle und den Körper aus.

Die Depression ist häufig durch Arbeitsunfähigkeit und Rückzug (Passivität) gekennzeichnet. Anders ausgedrückt, die Niedergeschlagenheit führt zur sozialen und funktionalen Unfähigkeit(Phase zwei der oben genannten drei Trauerprozesse).

Wie wird die Niedergeschlagenheit bzw. Depression in den meisten Fällen behandelt?

Medikamente, Antidepressiva werden verabreicht und führen dazu, dass die Botenstoffe, wie Dopamine, so geregelt werden,

dass die körperlichen Reaktionen auf die Trauer nicht mehr erfolgen können.

Häufig wird der Depressive dadurch wieder arbeits- und sozial fähig.Es kann weiterhin sein, dass die geistige und gedankliche Trauer, möglicherweise auch die emotionale Trauer zum Teil

zurückgeht. Setzt man die der Antidepressiva ab, wird der Mensch in den meisten Fällen wieder depressiv.

Warum erfolgt also häufig keine Heilung des Depressiven?

Die Antwort ist gemäß der obigen Ausführungen, denke ich, weitestgehend klar!

Die emotionale und geistige Trauer ist im ganzen oder in Teilen noch vorhanden.

Der Anlass der Trauer ist nicht beseitigt oder kann nicht beseitigt werden.

Der Trauerprozess gemäß der Phasen der drei oben genannten Modelle ist nicht oder nur zum Teil erfolgt. Der Depressive steckt weiterhin in der Phase zwei oder eins der Traummodelle.

Die gedankliche, gefühlsmäßige und körperliche Trauer sowie der Schmerz befeuern sich gegenseitig.

Der Zusammenhang zwischen Trauer und Freude

Weil der Mensch ein Teil seines Lebens verliert, trauert er. Das wird auch mit Betrübtheit, Depression, Niedergeschlagenheit, Schwermut, Trübsinn, Verdüsterung, Melancholie, Kummer, Gram usw. bezeichnet.

Freude wird mit den Wörtern, Fröhlichkeit, Glück, Zufriedenheit,

Seligkeit, Euphorie, Begeisterung usw. beschrieben.

Betrachten wir die gefühlsmäßigen Abläufe bei einer Beerdigung. Sicherlich ist der Tod eines Menschen insbesondere eines geliebten Menschen ein trauriges Ereignis. Einige mögen aus welchen Gründen auch immer, den Tod des Menschen als erfreulich ansehen. Bei der Beerdigung nehmen Angehörige, Freunde und andere Menschen, die einen Bezug zu ihm hatten, Abschied.

Wie läuft ein Trauerritualen bei einer Beerdigung ab? Die Menschen kleiden sich in Schwarz. Versammeln Sie an einem Ort, meistens eine Kirche, jedenfalls im christlich geprägten Gebieten.

Ein Redner, häufig Pfarrer oder Pastor halten eine den Verstorbenen würdigende Rede. Dann gleitet der Trauerzug den Toten zu seiner letzten Ruhe. Das Leben symbolisierenden Blumen werden häufig in das Grab geworfen. Dann erfolgt der so genannte Leichenschmaus, ein merkwürdiges Wort und es gibt meistens Kaffee und Kuchen.

Beim Leichenschmaus erfolgt dann eine, einigen Menschen seltsam anmutende Veränderung der Stimmung der Trauernden. Die Trauer schlägt in einer Art Freude um. Plötzlich wird die Trauergemeinde lustig, fröhlich, es werden Witze gemacht und eine gewisse Ausgelassenheit erfüllt den Raum.

Bi- und Multipolarität von Gefühlen

An diesem Beispiel wird die Bipolarität von Trauer und Freude deutlich. Als Gegenpol zur Trauer schwingt dieses Gefühl in

Richtung Freude. An diesem Beispiel sieht man auch den Zeltcharakter der Emotionen. Bei dem Beerdigungsritual ist eine tendenziell kollektive Trauer bei den Beteiligten erfolgt. Einige Gäste des Begräbnisses wollen dieses Gefühl loswerden und setzen Lustigkeit, Fröhlichkeit, die Freude dagegen. Dieses Gefühl des lustigen und witzigen überträgt sich auf einen Teil der anderen Gäste.

An den Verbindungen der Gefühle Trauer, Schmerz und Freude ist die Multipolarität der Gefühle zu erkennen.

Die zweite Phase des Trauerprozesses von Kast zeigt ebenso deutlich durch aufbrechende Emotionen (Trauer, Wut, Freude, Zorn, Angstgefühle und Ruhelosigkeit), die Multipolarität und Verbindungen der Gefühle untereinander. Kast weist auch darauf hin, dass in dieser Phase, Schuldige gesucht werden. Schuldige zu suchen, das ist ein gedanklicher Prozess, der durch die Emotionen ausgelöst wird. Hieran wird deutlich, wie die Gefühle, in diesem Fall die Trauer oder Wut löst den gedanklichen Prozess der Suche nach Schuldigen aus.

Anlässe von Depressionen und Auflösung der Blockaden

Wichtig um den Depressionen auf die Spur zu kommen, ist die Frage, welchen Anlass oder Anlässe erzeugen die Trauer.Der Anlass der Trauer, es sei denn der Tod eines Menschen oder der eigene bevorstehende Tod, bleibt dem Depressiven häufig verborgen. Der Anlass ist unbewusst und liegt im Dunkeln. Es können auch mehrere Anlässe sein.

Die Anlass oder die Anlässe der Trauer und damit der Niedergeschlagenheit sind meistens schwer änderbar und erden berechtigt als Bedrohung empfunden.Der depressive Mensch reagiert aus diesem Grunde mit Abwehr und Blockade.

In dieser Blockade liegt die Schwierigkeit des therapeutischen Prozesses. Ach

Als erstes muss die Abwehr und Blockade aufgebrochen werden. Nach Kast wird nun der Mensch überschwemmt von Gefühlen, wie Trauer, Wut, Freude, Schmerz, Zorn und insbesondere der berechtigten Angst.Der Angst des Klienten vor der Bewusstwerdung des Anlasses seiner Trauer bzw. seiner Depression, die für ihn starke negative Konsequenzen hinsichtlich seines Lebens haben könnte. Da der Trauerprozess Monate oder länger dauern könnte und mit Passivität, Rückzug und Kommunikationsstörung usw. verbunden ist, droht ein Verlust von Arbeit, Einkommen und möglicherweise Bezugspersonen. Dieses Risiko will der Klient nicht eingehen.

Ein weiteres Problem dieses therapeutischen Prozesses, ist der

Therapeut selbst. Die starke Emotionsausbrüche in Form von Trauer, Wut, Freude, Schmerz, Zorn können oder wollen Therapeuten häufig nicht händeln und bedeuten eine große Anstrengung für den Behandelnden.

Außerdem ist der Ausgang ungewiss und es droht dem Psychotherapeuten die Gefahr als Schuldiger der Konsequenzen, die Arbeitsplatzverlust, Einkommen, Verlust einer Bezugsperson bezeichnet zu werden.

Ansätze der psychotherapeutische Behandlung von Depression

Will man eine psychotherapeutische Behandlung durchführen, so ist es unabdingbar, ein Team von Therapeuten heranzuziehen, weil ein einzelner Therapeut sicher überfordert ist.

Ebenso die Qualifikation ein bedeutender Faktor. Es müssen

unbedingt Psychotherapeuten mit dem Schwerpunkt Trauerarbeit und Umgang mit Blockaden und Abwehr sowie Borderlineerkrankungen herangezogen werden. Der Borderline erkrankte, ist gekennzeichnet, durch zeitlich schnell wechselnde häufig negative Emotionen.

Der Personalaufwand als auch die zu erwartende Länge des therapeutischen Prozesses erzeugen hohe Kosten. Die Behandlung mit Antidepressiva ist um ein Vielfaches günstiger und schneller. Die medikamentöse Behandlung ist symptomatisch und führt nicht zu einer Heilung bzw. Lösung des Problems. Aus ethischen Gründen ist eine solche psychotherapeutische Behandlung anzuraten und es sind vorbeugende (präventive) Maßnahmen zu erforschen.

Dazu müssen breit angelegte wissenschaftliche Studien zur Erforschung der Anlässe der Depression durchgeführt werden. Die depressiven Erkrankungen verbreiten sich, wie eine Epidemie in den westlichen Gesellschaften. Ausfall von Arbeitsstunden, Frühverrentung unddie ständig steigenden Zahlen von depressiven, lassen das auch ökonomisch als sinnvoll erscheinen.(Vergleiche letzte Studie der Technikerkrankenkasse und den Artikel des Sterns vom 19.2.2015)

Anzumerken ist auch das unglaubliche Interesse an dem Auten einer Bloggerin unter Twitter. Danach hat es 100.000 von tweets gegeben und selbst die Nachrichtensendung Heute fühlte sich bemüht, darüber einen längeren Beitrag zu senden.

Laut Stern Artikel sollen 30 % der deutschen Bevölkerung von psychischen Krankheiten temporär befallen sein.

Der starke Anstieg psychischer Erkrankungen bei Schulkindern ist ein besonderes Warnzeichen.

Was geschieht in unserer Gesellschaft?

Es ist zu untersuchen, welche Anlässe in der Gesellschaft zu den steigenden Zahlen psychischer Erkrankungen führen!

Liste von gesellschaftlichen Anlässen, die den Rahmen für psychische Erkrankungen bilden

Anzuführen werden hier folgende Anlässe, die vielen von ihnen bereits bekannt sein dürften.

Überforderung

Leistungsdruck

Ängste (zum Beispiel, vor Arbeitsplatzverlust, vor Versagen, vor der Terrorgefahr)

Druck

Helfersyndrom

Panik

Burn-Out

Stress

Schulstress für Kinder

Mobbing

Zunehmende Aggression

Zunehmende Wut (Wutbürger, Pegida Antipegida)

Zunehmende Bevorzugung reicher Gesellschaftsschichten und Benachteiligung ärmerer Gesellschaftsschichten

Zunehmende Konflikte zwischen einzelnen Teilen der Religionsgemeinschaften und deren Verfasstheiten sowie verschiedenen Völkern (Ukraine Konflikt)

Diese Probleme sind sicherlich nicht psychotherapeutisch zu lösen. Sie bilden aber den Nährboden für die gefühlsmäßige Verunsicherung weiter Teile der Bevölkerung.

Es stellen sich Fragen, wie wollen wir leben, welche Ziele haben wir?

Durch Wachstum, Beschäftigung, Wettbewerbsfähigkeit, Investitionen, der Geldpolitik der EZB ist das sicher nicht zu lösen!

Emotionsatlas, Maps of Emotions, Dalai Lama

Der Emotionsatlas von Ekman im Auftrag des Dalai Lama. Eine kritische Betrachtung

Der Dalai Lama sagte, dass er hoffe, dass der Emotionsatlas das Gute fördere und das Schlechte in dieser Welt bekämpfe. Weiterhin, dass die Emotionen die wahren Unruhestifter in dieser Welt seien." Wir sollten Kenntnis haben von der Art dieses Feindes." „ (We have to know the nature of that enemy). (International Times, 7 bis 8. Mai 2016).

Obama begrüßte das Erforschen der inneren Werte. (International Times, 7 bis 8. Mai 2016)

Artikel:Seeking inner peace, Dalai Lama has a site.

Das bewusst werden der Emotionen und Gefühle, insbesondere der negativen aber auch der positiven wird unsere Gesellschaft in eine humane Gesellschaft überführen.

YouTube Video, Emotionsatlas, Hubertus Ihn in Vorbereitung

Unter dem Titel, „Seeking inner peace (Auf der Suche nach innerem Frieden bzw. Ruhe der Seele)" erschien am 7.5.2016 in der International Times ein Artikel über den Dalai Lama und seinen

Auftrag für $ 750.000, einen Emotionsatlas zu erstellen.

Dr. Ekman wurde beauftragt mit 149 Wissenschaftlern (so genannten Emotionswissenschaftlern (Emotion Scientists), Neurologen und Psychologen), einen Emotionskatalog bzw. -atlas zu erstellen.

Das Ergebnis waren fünf zentrale Kategorien von Emotionen:

Zorn   (Anger)

Furcht   (Fear)

Ekel   (Disgust)

Trauer   (Sadness)

Vergnügen (Enjoyment)

Die im Internet unter Google veröffentlichte Map of Emotions von Ekmann enthält zum Teil andere zentrale Emotionskategorien:

Liebe   (Love)

Überraschung   (Surprise)

Freude   (Joy)

Zorn   (Anger)

Trauer   (Sadness)

Furcht   (Fear)

Ekel   (Disgust) , Ekel istwird als untergeordnetes Gefühl dargestellt

Map of Emotions von Hubertus Ihn

Multipolarität und die Grundfunktionen Handlungs-und Wahrnehmungssteuerung des Gefühls

Positive - negative

Liebe   -   Hass

Freude   -   Trauer

Mut   -   Angst

Wohl sein,

schmerzlos? - Schmerz   ? Gibt es andere Begriffe?

Gelassenheit? - Wut   -   ? Gibt es andere Begriffe?

Lust ?   -   Leid ?

(vergleiche Hubertus ihn, Theorie der Emotion, Amazon, Kindle, 2013)

Die Gefühle die in die Bewegung treten sind einerseits, wie oben beschrieben bipolar, d.h. Sie am negativen oder positiven Charakter und andererseits multipolar, d.h. Es können einzelne Ausprägungen, wie die der Angst, der Liebe, des Mut usw. auftreten. Die Gefühle kommen aus dem Ruhezustand in einen Unruhezustand bzw. in einen bewegten Zustand. Damit werden die Emotionen äußerlich wirksam und können sich sprachlich, körperlich und energetisch äußern. Diese Gefühlsäußerung können individuell und kollektiv geschehen. Die Gefühle steuern neben dem Bewusstsein die menschlichen Handlungen. Es bestehen Interdependenzen zwischen den Gefühlen und den Gedanken des Bewusstseins. Einerseits steuern die Gedanken die Gefühle andererseits steuern häufig unbewusst die Gefühle die Gedanken. In kollektiven steuern häufig einzelne Individuen mittels Gedanken und Gefühlen das Kollektiv. Ist das Gefühl aktiv also in Bewegung, so hat es eine steuernde, gestaltende Funktion.

Neben der steuernden gibt es eine explorative Funktion des Gefühls, die umgangssprachlich Intuition genannt wird. Hinsichtlich der Umwelt und den darauf bezogenen Handlungen kann das Gefühl als Wahrnehmungs- oder emphatisches Erkenntnisorgan genutzt werden.

These: Die Wahrnehmungs-oder Erkenntnisfunktion des Gefühls ist nur dann störungsfrei und effektiv nutzbar, wenn der Erregungszustand minimal oder nahe Null ist also sich das Gefühl im Ruhezustand befindet. Polarität und ihre Stärke überlagern dann die Intuition und führen zu falschen Schlüssen. Zum Beispiel ein ängstlicher Mensch wird zu einer intuitiven Entscheidung kommen als eine mutige oder traurige Person.

Gefühle, Emotionen und Seele

Das Wissenschaftsgebiet, das hier erörtert wird, ist die Psychologie. Die Psyche ist der Gegenstand der Betrachtung. Die beiden diesseitigen Teile der Psyche sind die Gefühle und Emotionen. Das Wort Gefühle wird im alltäglichen Sprachgebrauch als deutsche Übersetzung des lateinischen Wortes Emotionen gebraucht.

Gefühle und Emotionen betrachten den gleichen Gegenstand, sind aber grundsätzlich unterschiedlicher Natur. Kommt die Seele in Bewegung, so sind seine Erscheinungen, wie Angst, Freude, Trauer, Liebe, Hass usw., Bewegungsäußerungen der Psyche. Emotionen sind also aus der Ruhe heraustretend und den Körper und die Gedanken in der Regel beeinflussend.

Gefühle haben nachspürenden Charakter, wie das Wort beinhaltet, fühlenden Charakter. Der Mensch fühlt sich freudig, ängstlich, traurig oder Schmerz erfüllt usw.. Häufig bemerkt der Mensch diese Gefühle gar nicht, sie sind also unbewusst. Erst wenn sie eine gewisse Stärke übersteigen, treten sie in das Bewusstsein ein. Körperlicher Schmerz wird ab einer bestimmten Stärke von vielen Menschen eher bemerkt als Freude, Angst oder Trauer usw.. Häufig werden die Gefühle von anderen eher wahrgenommen als vom Menschen selbst. Die Emotionen überlagern unbemerkt die Gedanken und körperlichen Abläufen.

Erst im Zustand der seelischen Ruhe werden schwächere Gefühle bemerkt. Dauerhaft emotional, dynamische Menschen können kaum ihre Emotionen erfühlen. Aufgrund der starken und häufig vielfältig vermischten Emotionen ist es Ihnen nicht möglich diese zu erkennen.

Um begriffliche Klarheit zu schaffen, seien die griechischen, lateinischen und deutschen Begriffe genannt. Gefühl heißt im griechischen Thymus. Der Alogothymiker hat keinen Zugang zu den Begriffen des Gefühls. Er kann seine Gefühle also Angst, Mut, Hass usw. nicht bezeichnen.

A gleich nicht,

Logo gleich das Wort

und Thymus gleich Gefühl.

Der Mensch hat keine Wörter für seine Gefühlszustände.

Im griechischen wird für das lateinische Wort Emotion, Pathos benutzt, ins Deutsche übersetzt bedeutet es Leidenschaft.

Vor ca. 3350 Jahren entstand die Idee eines ägyptischen Pharaos mit dem Namen Echnaton, es gebe nur einen Gott. Der Sonnengott, des Sonnenuntergangs Amon Re sollte durch Aton, den Gott des Sonnenaufgangs ersetzt werden. Die Vielgötterei sollte damit ein Ende finden. Ob Aton als Sonnengott anzusehen ist oder als Lebensenergie in Form der Seele, ist strittig. Zu diesem Zeitpunkt möglicherweise aber weit davor entstand bei den Ägypten die Idee des Lebens nach dem Tod. Spätestens um 1350 vor Christi unterschieden die Ägypter drei Formen der Seele: Ach, ka und ba.

Ach bedeutet die Leuchtkraft der Seele (Geist, Gedanken) .

Ka ist die Lebensenergie(Psyche, Seele, die den Körper belebt und die in das Jenseits zurückgekehrt)

und ba, das sind die Erscheinungen der Emotionen also Angst, Trauer, Freude, Schmerz usw.

(Vgl. Tutanchamon, S. 233, 2000, Herausgeber, Valeria Manferto De Fabianis,Laura Accomazzo, Kai Müller Verlag, Köln, Deutschland)

Entweicht mit dem Tod des Körpers der jenseitige Teil der Seele, der das Organische belebt, ausmacht und definiert, sowie sich vom Anorganischen zentral unterscheidet, so existiert die Seele, wie auch immer, weiter. Ist dieser Teil im Organismus nicht mehr vorhanden, so verbleibt nur noch dass Anorganische. Das Belebende oder Lebende, dass den Organismus ausmacht, existiert nicht mehr. Organ aus dem griechischen übersetzt heißt Werkzeug. Ein Organismus ist somit ein belebter Werkzeugkasten, bestehend aus den Werkzeugen wie Herz, Lunge, Leber, Haut, Magen, Füßen, Ohren, Augen, Nase, Mund usw.. Die Werkzeuge sind tote Materie, wenn der Körper nicht mehr belebt ist. Die Psyche (griechisch) ins Deutsche übersetzt heißt Seele. Es gibt zwei Zustände der derzeitigen Seele, den Zustand der Ruhe und den Zustand der Bewegung. Den Zustand der

Bewegtheit nennen wir Emotionen. Der Geist (Gedanken) schwimmt auf den Emotionen und kann die Emotionen durch Erkenntnis beeinflussen.

Die Entwicklung der Götterwelten zum Geist und zur Seele

Betrachten wir die Götterwelt der Germanen, so sind die obersten Götter Repräsentanten von Naturgewalten zum Beispiel Donar als Gott des Gewitters, des Blitzes und des Donners. Unser heutiges deutsches Wort Donner ist von Donar abgeleitet. In einer gewissen Weise sind die Götter in fast allen Religionssystem hierarchisch angeordnet zu mindestens was den obersten Gott angeht. Bei den Germanen ist es entweder Wotan oder Odin (Gott des Odem, des Atems oder Hauchs) der Donar übergeordnet ist.

Der oberste Gott der Griechen ist Zeus, hervorgegangen aus dem Chaos (der Ruhe) und Tantalos (der Unruhe), die seine Eltern Rhea und Kronos schufen. Ein Repräsentant der Naturgewalten ist Poseidon, der Gott des Meeres. Eine der höchsten Göttinnen ist Athene (Kopfgeburt des Zeus). Athene repräsentiert einen moralischen Wert, die Gerechtigkeit mit dem Symbol der Waage.

Besonders bevorzugte körperliche Eigenschaften, wie die der Schönheit wurden durch Aphrodite (weibliche Schönheit) und Apoll (männliche Schönheit) symbolisiert. Götter für die menschlichen Triebe sind Eros(Gott der körperlichen Liebe, des Lebens) und Thanatos (Gott des Todes). Diese benutzte der Begründer der Psychologie, Freud bezüglich seiner Triebtheorie. Freud unterschied zwei Triebe, den Lebenstrieb, den er auch als Eros bezeichnete und den Todestrieb, den er als Thanatos bezeichnete.

Der Lebens- bzw. Liebestrieb(Eros) und der Todestrieb (Thanatos) führen zu der Troika der indischen Götterwelt, Vischnu, Shiva und Brahman. Vischnu (Eros) wird als Schöpfer des Lebens aufgefasst, der Gott, der das Leben entstehen lässt und Shiva (Thanatos) ist der Zerstörer, der Gott der das Leben vergehen lässt. Über Vischnu und Shiva steht Brahman, der den Geist repräsentiert. Es gibt in der indischen Götterwelt, den Gott Krischna, der Sohn bzw. die Inkarnation Vischnus. Krischna lehrt Ajuna in der Bhagavadgita die richtigen Handlungsweisen.

Die indische göttliche Troika und Krischna geleiten zu der göttlichen Dreifaltigkeit des Christentums. Gottvater als Schöpfer, der Heilige Geist und Jesus Christus. Christus im griechischen Christo (Chrischto ausgesprochen) ist als Wort und der Intonation sicherlich verwandt mit dem Wort Krischna und seiner Aussprache. Christus ist der fleischgewordene Sohn, die Inkarnation des Schöpfers, Gottvaters. Die Geschichte des Christentums ähnelt frappierend, der indischen. Christus der fleischgewordene Gottvater symbolisiert den Körper des Menschen. Der Heilige Geist repräsentiert den Geist bzw. das Bewusstsein des Menschen. Was symbolisiert Gottvater? Einige Jesuiten sind der Meinung, unter Gottvater ist die Seele des Menschen zu verstehen. Unter Zuhilfenahme der Logik könnte man zu dem Schluss kommen, dass der Mensch aus drei wesentlichen Teilen besteht, dem Körper, dem Geist (Bewusstsein) und der Seele. Anzumerken sei, dass der Geist häufig das Bewusstsein und die Seele die Emotionen und Gefühle umfasst. Hier wird im weiteren davon ausgegangen, dass der Geist das Bewusstsein ist und die Gedanken umfasst. Die seelischen Prozesse gekennzeichnet durch Gefühle sind davon getrennt. In der Vernunft nach Cusano können sich Gedanken und Gefühle zu einer geistigen Seele im Menschen zusammenfinden.

Vergleicht man das indische und das christliche Göttersystem, so werden zwei interessante Fragen aufgeworfen.

Welcher Zusammenhang könnte zwischen indischen und christlichen Göttern bestehen?

Gibt es Unterschiede in der Hierarchie der indischen und christlichen Götter?

Zu der Frage des Zusammenhangs: Vischnu als Schöpfer des Lebens könnte man mit Gottvater. gleichsetzen und Brahman als geistiger Gott der Inder mit dem Heiligen Geist. Der Zerstörer Shiva, der neutral das Vergehen des Lebens symbolisiert findet sich in der christlichen Welt als böser Teufel und als Gegenspieler Gottvaters (siehe dazu Zarathustra) wieder. Jesus Christus (Krischna) als Symbol für den Körper, der fleischgewordene Gottvater ist in der Dreifaltigkeit zum Gott erhoben. Die drei Götter de des Christentums symbolisieren die drei Teile des Menschen.

Gottvater, die Seele - Vischnu

Der Heilige Geist(das Bewusstsein), die Gedanken – Brahman

Jesus Christus der Körper - Krischna

Der Teufel als Gegenspieler Gottvaters ist negativiert – Shiva (neutral)

Zur zweiten Frage der Hierarchie der Götter.

Brahman, der heilige Geist (die geheiligten Gedanken) ist in der Trilogie der indischen Götterwelt der höchste Gott. In der christlichen Dreifaltigkeitstrilogie ist Gott Vater Repräsentant der Seele, Gefühle, Emotionen bzw. Psyche, der höchste Gott.

Bevor der Zusammenhang bzw. die gegenseitigen Beeinflussung von Gedanken (Geist) und Gefühlen (Emotionen) erläutert wird, seien kurz die Götter zwei anderer Religionen erwähnt.

Höchste Gott der Götterwelt der Römer war Jupiter, Gott der Sonne. Ein weiterer hoher Gott, Mars als Gott des Krieges spielte bei den Römern eine bedeutende Rolle. Um 500 vor Christi für die Verteidigung des bedrängten Roms, die von Norden von den Etruskern und von Süden von den Griechen in ihrer Existenz bedroht wurden. Im weiteren zum Aufbau einer imperialen Macht.

Nach fast 1000 Jahren verlor Mars, der Kriegsgott seinen Einfluss und wurde durch das Christentum abgelöst.

Der Buddhismus kennt keinen Gott nur den Propheten Buddha. Dennoch gibt es ein göttliches Ziel, die Erkenntnis und das Erreichen der heiteren Gelassenheit.

Welche Bedeutung dem islamischen Allah zuzumessen ist, ist mir nicht bekannt. Vielleicht hat er die Bedeutung der Vereinigung von Geist (Gedanken) und Seele (Gefühlen).

Die Gefühle in der Form von Intuition und Instinkt steuern das organische Leben bzw. das kollektive Verhalten der Gattungen. Expansion und Kontraktion der Gattungen sowie ihr Zusammenleben. Insbesondere wird das Verhältnis der Tiere inklusive Menschen untereinander durch Flucht und Aggression bestimmt. Ausdehnung, Rückgang sowie das Aussterben von Gattungen ist umweltabhängig. Pflanzen und Tiere inklusive der Menschen bilden das organische System, das durch die Gefühle gesteuert und vom Geist, den naturwissenschaftlichen Gesetzen der

Umwelt bestimmt wird. Die anorganische und organische Welt ist durch die naturwissenschaftlichen Gesetze des Geistes bestimmt. Die Gefühle sind den meisten heutigen Menschen nur zum Teil bekannt (unbewusst) somit auch ihre Ordnung und ihre Funktionen. Damit sind die psychischen Vorgänge einer naturwissenschaftlichen Betrachtung entzogen. Alles was dem menschlichen Bewusstsein nicht zugängig ist, wird von den Menschen, so zeigen die vergangenen Götter, als unerklärlich und damit göttlich angesehen. Wie die psychischen Vorgänge, so sind die Vorgänge des Bewusstseins (Geist) dem heutigen Menschen größtenteils verschlossen. Durch die naturwissenschaftlichen Gesetze ist im Sinne von Heidegger eine Lichtung zu schlagen, die aber nur einen kleinen Einblick in die Funktionsweise des Geistes und der Psyche gibt.

Der Geist regelt die Struktur und Zusammenhänge des Organischen und Anorganischen. Zusätzlich, dem Geist untergeordnet wird das Leben, das Organische durch psychische, emotionale bzw. gefühlsmäßige (seelische) Prozesse geregelt.

Aus den Ausführungen ergeben sich im Sinne Heideggers, „eine Lichtung in das Bewusstsein zu schlagen" folgende Aufgaben:

Welche Struktur und Funktionen hat der Geist hinsichtlich der Untersuchung der Phänomene des Bewusstseins?

Welche Struktur und Funktionen haben die Emotionen, Gefühle bzw. psychischen Prozesse?

Welchen Zusammenhang gibt es zwischen Geist (Gedanken) und Gefühlen.

Psychische Gesundheit und Psychopathologie

Was mich zu den Ausführungen bewegte ist, dass weder in der Philosophie noch in der Psychologie und ihren psychotherapeutischen Verfahren eine Systematisierung und Klassifizierung von Gefühlen so gut wie nicht vorhanden ist. Auffällig ist auch, dass die Psychologie als Erkenntnisgegenstand, die Gefühle definiert über die Gefühlszustände und – obwohl nicht zum Gegenstand ihrer theoretischen Erkenntnis erklärt. Weder die Sprache der professionellen Psychologen noch die alltägliche Sprache benutzt häufig Gefühls bezogene Wörter. Die Menschen werden häufig als forsch, depressiv, manisch, zurückhaltend, sympathisch, unsympathisch usw. bezeichnet. Wörter wie liebevoll, traurig, schmerzlich, hasserfüllt, mutig, ängstlich werden dagegen seltener benutzt. Die gefühlsmäßigen Zustände werden eher tabuisiert und durch sachliche Ausführungen überspielt oder nicht zugelassen. Filme oder Musik werden benutzt, um sich die dargestellten Gefühle anzusehen, anzuhören oder sich auch von ihnen in andere Gefühlszustände zu bringen. Die zwischenmenschlichen Äußerungen hinsichtlich der Gefühle werden eher als Bedrohung oder als ein zu nahe tretend, aufgefasst. Sich beruhigen oder Gelassenheit zu erreichen, das scheint ein Gebot der Stunde zu sein. Viele Menschen gehen Entspannungstechniken wie Yoga, Meditation usw. nach, andere finden ihre Ruhe in den Religionen, wieder andere treiben Sport um ihr seelisches und geistiges Gleichgewicht wiederzufinden.

Die Psycho-Neuro-Immunologie hat mit empirischen Untersuchung festgestellt, dass geistige und emotionale Haltungen Transmitter in Form von Cortokoiden und Adrenalin freisetzen, die die Krebszellen, Allergien und Autoimmunkrankheiten beeinflussen. Die Vertreter der Psycho-Neuro-Immunologie haben empirisch festgestellt, dass der regelmäßige Kirchgang bzw. die regelmäßige Ausübung religiöser Praktiken, wie beten in allen Religionen zu einer Verlängerung des Lebens bis zu 23 % führen können.

Es gibt über 1000 Therapieverfahren und fünf große psychologische Strömungen, die Psychoanalyse, Verhaltenspsychologie, Humanistische Therapieverfahren, Transpersonale Psychologie und Biopsychologie. Die Biopsychologie verwendeten Medikamente, wie Neuroleptika, Antidepressiva (Stimmungsaufheller) und Tranquelizer (Beruhigungsmittel), die durch die körperliche Einwirkung die Botenstoffe verändern und auf die Gefühlslage einwirken. Die anderen vier Verfahren versuchen die emotionalen Zustände und Abläufe durch das Bewusstsein zu verändern. Zur Zeit werden über 90 % aller psychischen Erkrankungen mittels der Biopsychologie also durch Medikamentenverabreichung behandelt. Die Behandlung durch Medikamente ist aufgrund der Kostengünstigkeit und der Schnelligkeit das Mittel der Wahl. Mittels der Medikamente werden die funktionalen und sozialen erforderlichen Verhaltensweisen wiederhergestellt. Nachhaltig ist das Verfahren nicht! Die Ursachen der psychische Störung werden nicht beseitigt. Es erfolgt keine Heilung. Lediglich die Symptome, die zu einer sozial auffälligen oder geminderten Arbeitsfähigkeit führen, stellen sich nicht mehr ein. Der Mensch kann seiner Arbeit nachgehen und ist mehr oder weniger sozial unauffällig.

Die Bewusstseins orientierten psychotherapeutischen Verfahren sind kostenintensiv, häufig langwierig und lösen das Problem in vielen Fällen nicht.

Die im Vorwort angesprochene mangelnde gefühlsorientierte Sprache der professionellen Psychologen, Psychiater usw. möchte ich hinsichtlich ihrer psycholdiagnostischen Aussagen verdeutlichen. Es wird nicht definiert mit den Worten der Patient ist traurig, geplagt von Schmerzen, wütend, hasserfüllt, emotional verletzt usw. Somit kann auch nicht nach den Ursachen der gefühlsmäßigen Zustände geforscht werden.

Die psychodiagnostischen Bezeichnungen lauten: Schizoid, schizophren, depressiv, manisch, ADS, ADHS oder eine, die ich kürzlich hörte, schizoaffektive Hypomanie. Schizoaffektive bedeutet, dass der Mensch wütend oder aggressiv ist und zwar aus einem inneren Zustand heraus. Seine wütende oder aggressive Art wird nicht als angemessen bezüglich der Umweltsituation angesehen. Es ist nicht erkennbar für den Außenstehenden warum der Mensch in dieser Situation wütend oder aggressiv ist. Wut und Aggression sind sozial verpönt und nur in Ausnahmefällen akzeptiert. Betrachten wir die Hypomanie so bedeutet Hypo ins Deutsche übersetzt unter, Manie oder manisch bedeutet, zu schnell, euphorisch, sehr unruhig, zu fröhlich. Auf meine Nachfrage bei dem Psychiater, wie er auf diese Diagnose kommt, erhielt ich die Antwort: Der diagnostizierte Mensch sei sehr sprunghaft in seinen Gedanken, bleibt nicht beim Thema und gibt Antworten die nicht zu den Fragen passen. Der Außenstehende hat den Eindruck, dass die Ausführungen des Menschen unzusammenhängend sind. Die Unruhe und Schnelligkeit bezieht sich nur auf die gedanklichen Prozesse. Äußerlich bzw. gefühlsmäßig ist der Mensch ruhig, nicht euphorisch und nicht zu fröhlich. Das Gegenteil ist der Fall. Der Mensch ist er traurig, ängstlich, die Freude ist ihm verboten. Die Folge davon ist Wut, Aggression und Zorn. Sozial nicht erlaubte Freude, sowie Trauer, Angst und Wut, dieses Gemisch erzeugt die sprunghaften Gedanken. Die Gedanken und ihre Aussagen werden durch dieses Gefühlsgemisch gesteuert und führen ein Eigenleben, das den Menschen daran hindert, die Gedanken zu ordnen und bei einem Thema zu bleiben.

Der therapeutische Prozess kann nur gelingen, wenn in der Diagnose als auch in der Therapie mit Gefühlsbegriffen gearbeitet wird, die dem Klienten und dem Therapeuten bewusst werden, sowie Beziehungen der Gefühle untereinander analysiert und verdeutlicht werden. Für die medikamentöse Behandlung nutzen die Begriffe, schizoaffektiv und Hypomanie. Für den

Bewusstwerdungs- und Heilungsprozess haben Sie nur geringe Bedeutung.

Bisher beschäftigten wir uns mit den psychischen Krankheiten, deren Diagnosen und Therapieverfahren.

Wie wird psychische Gesundheit in der Psychologie definiert? Die Analyse der Definition der psychischen Gesundheit verdeutlicht warum einer Sprache der Gefühle die Psychodiagnostik und die Psychotherapie zu einer Verbesserung ihrer therapeutischen Ergebnisse führen kann.

Eine häufig verwendete Definition der psychischen Gesundheit ist, die Kongruenz eines seelisch gesunden Menschen. Kongruenz bedeutet:

Verstehen der Umwelt und sich selbst

Handeln (In Beziehung setzen)

Bedeutung des individuellen Handelns

Anmerkung: Von Gefühlen und Emotionen ist hier nicht die Rede.

Verstehen der Umwelt und sich selbst

Der psychisch gesunde Mensch ist kongruent, wenn er in der Lage ist seine individuelle und soziale Umwelt zu verstehen und sich in Bezug auf diese Umwelt selbst versteht. Versteht er diese Umwelt nicht, weil er zum Beispiel, die Sprache nicht versteht oder die geforderten Handlung bzw. Anforderungen, so ist das laut dieses Definitionskriteriums, der erste Schritt zur psychischen Krankheit. Die meisten sozialen Prozesse geschehen durch einen unbewusst ablaufenden Gefühlsprozess.

Auf der Bewusstseinsebene werden sachliche Themen erörtert. Bevor dies geschieht, wird unbewusst eine gemeinsame Gefühlsbasis hergestellt. Dies geschieht in einer sehr komplexen Weise. Äußerliche Merkmale, wie die Kleidung, das Auto, die Wohn- oder Geschäftslage,die

Raumausstattung, die Atmosphäre, die von den Räumen ausgeht, die Vorerfahrungen, die Mimik, die Tonlage, die Gestik, die Körperhaltung, die Gesprächsführung und nicht zuletzt, die ausgestrahlten Gefühle bestimmen gemäß den Erwartungen und Werten, die unbewusst gefühlte Einstellung zu dem anderen. Das bewusste Verstehen hinsichtlich dieser vielfältigen Einflüsse erfordert eine hohe geistige Leistung und Erfahrung. Die meisten Menschen bleiben viele dieser Einflüsse verborgen. Es bilden sich Subsysteme mit gemeinsamen Werten und Symbolen, die sich massiv von anderen Subsystem abgrenzen. In unseren Gesellschaften sind klassische Subsysteme Arbeitgeber und Arbeitnehmer, aber auch Künstler und Intellektuelle, gewerbliche Arbeiter und Angestellte sowie die Medienbeschäftigten, Akademiker und Nichtakademiker. Grüne, Sozialisten und Konservative sowie Liberale.

Die jeweiligen Gruppen sind geprägt von gemeinsamen Werten, Überzeugungen, Einstellungen und besonders durch gemeinsame Gefühle. Konservative sind geprägt von Bewahrung, Angst vor Veränderung und dem Fortsetzen des bisher erfolgreichen Weges. Die Sozialisten und

Konservativen bilden hier eine Gemeinschaft, wobei die Soziallisten, aus der Not heraus oder der gefüllten Not heraus, die materielle Verbesserung als besonders wichtig ansehen. Die Grünen wollen eine Veränderung, die sich auf die Umwelt aber nicht auf eine psychologische Verbesserung richtet. Die Liberalen streben die Freiheit an, die sich auf ökonomische, individuelle und soziale Freiheit bezieht, nicht jedoch auf die psychische Freiheit.

Die psychische Freiheit streben die Existenzialisten an. Diese Spezies gab es in den sechziger und siebziger Jahren des 20. Jahrhunderts als kleine Gruppe, die damals einen größeren medialen Einfluss hatte. Die Existenzialisten, nach psychischer Freiheit strebend, kommen heute als gesellschaftliche Kraft aufgrund des systemischen Drucks nicht mehr vor. Die Globalisierung und der Kampf um die besten Plätze lässt eine Entwicklung der Psyche nicht mehr zu. Zur Entwicklung der Psyche und der Bewusstwerdung von Gefühlen und ihren Wirkungen benötigen wir Zeit, viel Zeit! Diese Zeit ist aufgrund des Drucks der Globalisierung und der Ökonomisierung dieser Welt nicht mehr vorhanden. Somit haben wir Abschied genommen von der Entwicklung unserer Psyche

und der psychischen Freiheit. Nur wenn die Funktion und die Arbeitsfähigkeit eingeschränkt sind, müssen wir uns Zeit nehmen. Wenn wir Medikamente nehmen benötigen wir weniger Zeit, um unsere Psyche gerecht zu werden. Unsere Psyche verstehen wir immer weniger!

Handeln (In Beziehung setzen)

Versteht der Mensch die Umwelt nicht, so ist es ihm nicht möglich eine sozial akzeptierte Handlung oder Beziehung durchzuführen. Verstehe ich die Gefühle meines Gegenübers nicht oder meine eigenen Gefühle, so kann ich nur begrenzt oder gar keine Handlungen durchführen bzw. mich nicht in Beziehung setzen zu meiner Umwelt. Traurige Gefühle (Depression), wütende Gefühle (Aggression) oder starke Unruhe (ADS) behindern mich um sozial akzeptierte Handlungen durchzuführen. Gemeinsame unbewusste Gefühlsbasen der Subsysteme lassen die Menschen in dem jeweiligen Regelwerk handlungsfähig bleiben. Das gilt so lange, bis das Regelwerk des Subsystems nicht entscheidend verletzt wird.

Bedeutung des individuellen Handelns

Verstehen der Umwelt und sich selbst und sich mit dieser Umwelt in Beziehungen setzen bzw. Handlungen vollziehen zu können kennzeichnet die Notwendigkeit um psychisch gesund zu sein, ist aber nicht hinreichend. Notwendig und hinreichend diese Begriffe kennen wir aus der Mathematik. Bedeutung finden wir in den Subsystemen und ihren Regelwerken. Anerkennung, nicht obdachlos werden, eine gute Position, eine Familie zu ernähren, uns fortzupflanzen, an einen Gott zu glauben, in einer Religionsgemeinschaft aufgehoben zu sein, Arbeit zu haben, eine Familie zu haben, das gibt uns alles Bedeutung hinsichtlich unserer Handlungen. Die Logotherapie aber auch die Existenzialtherapie bieten hier Hilfestellungen.

Wer also seine Umwelt nicht versteht oder keine Handlungen in der Umwelt vornehmen kann die zusätzlich für ihn von Bedeutung sind, ist psychisch nicht gesund. Wer sich selbst und seine Umwelt versteht, in seiner Umwelt handeln kann und diesem Handeln Bedeutung zumisst, ist psychisch gesund.

Die Definition der Kongruenz bezüglich des Verstehens, Handelns und seiner Bedeutung ist sicherlich eine kluge Definition. Der Hintergrund dieser Definition ist ein in einem sozialen Regelwerk funktionierender, arbeitender und hinsichtlich des Regelwerks des Subsystems angepasster Mensch. Aussagen über die Gefühle oder die Emotionen sind hier gut wie nicht enthalten.

Eine Arbeitsdefinition, die die Sprache der Gefühle nutzt wäre:

Ein psychisch gesunder Mensch kann alle reinen Gefühle bei sich selbst und anderen erkennen und ausdrücken.

Positive   -   negative

Liebe   -   Hass

Freude   -   Trauer

Mut   -   Angst

Wohl sein,
schmerzlos? - Schmerz   ? Gibt es andere Begriffe?

Gelassenheit? - Wut   -   ? Gibt es andere Begriffe?

Lust ?   -   Leid ?

Gott und seine Erscheinungsformen

Das älteste und schriftlich gut erhaltene Religionssystem der Welt ist das indische System. Sicherlich gibt es bei den Sumerern und Babyloniern auch Götter zum Beispiel Baal. Eine schillernde Figur. 5000 Jahre vor unserer Zeit oder in Ägypten Osiris,Isis und Seth. Ca. 6000 Jahre vor unserer Zeit. Die Städte wie Jericho besaßen bestimmt auch Götter. Diese sind vor ca. 11.000 Jahren entstanden.

Die Götterwelt des Hinduismus ist in den Veden und Uphanishaden beschrieben. Ohne die Vielzahl der Götter des hinduistischen Himmels in der Arena erscheinen zu lassen, seien drei große zentrale Götter genannt. Shiva, Vischnu und Brahman. Neben diesen großen Zentralgöttern gibt es Kali, eine weibliche Gottheit mit einer dunklen, neben einer hellen Seite, wobei diese schwarze Seite der Seele auch in Shiva hineininterpretiert werden kann.

Vischnu und Brahman sind für die Menschen positive, reine und gestaltende Götter. Vor Shiva fürchten sich die Menschen. Deshalb wird er, um ihn nicht zu verärgern, sehr verehrt und ehrfürchtig angebetet. Auch der Elefant – Ganescha (Der Gott der Schar oder Masse), spielt eine große Rolle.

Shiva repräsentiert als Gottheit, den Zerstörer.

Shiva hat keine dunkle Seite der Macht wie Kali. Shiva bedeutet, Vergehen des Lebens, alles was entsteht, vergeht auch. Übrigens Lebendes, organisches wie Nichtlebendes, anorganisches vergeht.

Das Sterben, das Vergehen, das Zerstören, davor hat der Mensch Angst. Noch schlimmer ist es für den Menschen, wenn Shiva als Zerstörer auftritt und vor Ablauf der normal erwartenden Lebensdauer, zerstörerisch wirkt, sei es bezüglich lieb gewordener Gegenstände oder gar des eigenen Lebens oder eines bekannten oder geliebten Menschen. Vielmehr gewinnt die dunkle Seite der Macht, Einfluss. Geschieht die Zerstörung aus Habgier, Hass und Wut wirkt Kali mit.

Wenden wir uns dem griechischen Himmel und dessen Götterwelten zu, der uns zu einem weiteren etymologischen Ursprung der Seele führt.

Am Anfang war, nein nicht Zeus, sondern Rhea und Kronos die Eltern von Zeus (Vater der Götter) Hera (Zeus Ehefrau), Athene, (Göttin der Gerechtigkeit), Poseidon (Gott des Meeres), Apoll (Gott der männlichen Schönheit), Hades (Gott der Unterwelt), Eros (Gott der Sexualität, Liebe), Aphrodite (Göttin der weiblichen Schönheit).

Rhea und Kronos waren die Begründer der Götter, den Bewohnern des Olymps, der Berg auf dem die griechischen Götter wohnten. Der Himmel? Die griechischen Götter hatten Gelüste und Verhaltensweisen wie die Menschen. Allerdings gab es einen wesentlichen Unterschied. Die Götter können tun und lassen was sie wollen, die starben nicht, sie lebten ewiglich. Nur wenn es einer von ihnen zu toll trieb, dann tauchten Zeus, Athene oder Hera auf, um sie zur Ordnung zu rufen. So richtige Bestrafungsmittel hatten sie nicht.

Die Götter vermischten sich mit den Menschen und schufen Halbgötter wie die Psyche , da ist sie, die Halbgottheit oder Hermes der Götterbote oder die Liebe. Erzeugnisse zwischen Göttern und Menschen.

Nach diesem Kurzausflug auf den Olymp und seine griechischen Götter werden wir unsere Suche fortsetzen. Besuchen wir die balinesischen Götter. Wo wohnen Sie? Die Götter Balis wohnen auf dem höchsten Berg der Insel, dem 3700 m hohen Vulkan Agung. Welche Götter wohnen hier? Soweit mir bekannt ist, eher die guten. Die bösen Götter kommen aus dem Meer, insbesondere zu Nepi, dem balinesischen Neujahrsfest während dieser 24 h des neuen Jahres darf sich niemand auf der Insel außerhalb seines Hauses bewegen, kein Licht darf brennen, bzw. von der Straße aus gesehen werden, kein Flugzeug darf landen oder starten. Die Religionspolizei überwacht das Geschehen.

Warum gibt es auf Bali an Neujahr keinen Menschen und kein sichtbares Licht? Weil die Götter an Nepi , dem balinesischen Neujahr, gemäß ihres Glaubens, aus dem Meer auf die Insel kommen und wenn diese bösen Götter des Meeres keinen Menschen und kein Licht sehen, meinen sie, Bali sei unbewohnt. Somit ist für die bösen Götter Bali uninteressant. Sie können von keinem Menschen bösen Besitz ergreifen weil kein Mensch zu sehen ist. Die Insel ist unbewohnt. Die bösen Götter verschwinden im Meer. Es ist keine Beute zu machen. Bis in die Mitte der siebziger Jahre gab es am Meer von Bali keine Häuser. Das war zu gefährlich.

Auch der griechische Gott Poseidon wohnt nicht auf dem Olymp und als Gott des Meeres war er für seine Zeitgenossen kein angenehmer Gott. Odysseus, besonders auf seiner Fahrt von Troja nach

Itaka, seinem Zuhause und das seiner Ehefrau Penelope, vor 2800 Jahren von Homer ausgeführt, kam Poseidons unangenehme Seite häufig zu spüren.

Nach unserem balinesischen Ausflug zurück nach Griechenland. Rhea und ihr Göttergatte Kronos erzeugten die griechische Götterwelt. Woher aber kamen nun Rhea und Kronos? Kennen wir die Geschichte nicht? Da war doch was! Adam und Eva erzeugten den Menschen oder nur Adam wer weiß, wer weiß? Was hat es mit der Rippe auf sich?

Laut griechischer Göttersage sind Gäa und Tantalus die Erschaffer, Schöpfer dieser Welt. Erinnern wir uns an Vischnu, dem Schöpfer der hinduistischen Götterwelt. Dieser Schöpfer der Creator wird immer wieder mit anderen Namen als Schöpfergestalt auftauchen. Osiris bei den Ägyptern, Gottvater bei den Christen, Vischnu bei den Hindus und Allah bei den Mohammedanern. Vor Gäa und Tantalus gab es das Chaos. Die Ruhe (Gäa) und die Unruhe (Tantalus) entstanden aus dem Chaos. Zwei Pole der Seele? In diesem Augenblick, so die griechische Sage bzw. Religion, beginnt das Leben. Eine Erklärung für die Seele, Psychologie, Emotion, Gefühle?

Gäa ist die Mutter, die Erde und die Ruhe. Ahaaaa!! Was ist Tantalus ? Gemäß griechischer Auffassung: Die Unruhe ob ich will oder nicht, mir fällt das Sanskrit Wort Tantra ein. Tantalus und Gäa begründen laut griechischer Sage, die lebendige und organische Welt. Sie begründen nicht nur die Götterwelt des Olymps, Zeus, Hera, Athene (Kopfgeburt des Zeus) usw. sondern auch die Zyklopen (einäugige Riesen), die Riesen, die Menschen , die Erinnyen usw. Begeben Sie sich auf die Suche.

Die Entwicklung der Götterwelten zum Geist und zur Seele

Betrachten wir die Götterwelt der Germanen, so sind die obersten Götter Repräsentanten von Naturgewalten zum Beispiel Donar als Gott des Gewitters, des Blitzes und des Donners. Unser heutiges deutsches Wort Donner ist von Donar abgeleitet. In einer gewissen Weise sind die Götter in fast allen Religionssystem hierarchisch angeordnet zu mindestens was den obersten Gott angeht. Bei den Germanen ist es entweder Wotan oder Odin (Gott des Odem, des Atems oder Hauchs) der Donar übergeordnet ist.

Der oberste Gott der Griechen ist Zeus, hervorgegangen aus dem Chaos (der Ruhe) und Tantalos (der Unruhe), die seine Eltern Rhea und Kronos schufen. Ein Repräsentant der Naturgewalten ist Poseidon, der Gott des Meeres. Eine der höchsten Göttinnen ist Athene (Kopfgeburt des Zeus). Athene repräsentiert einen moralischen Wert, die Gerechtigkeit mit dem Symbol der Waage.

Besonders bevorzugte körperliche Eigenschaften, wie die der Schönheit wurden durch Aphrodite (weibliche Schönheit) und Apoll (Gott der Ordnung, der Form und des Lichts), symbolisiert. Götter für die menschlichen Triebe sind Eros(Gott der körperlichen Liebe, des Lebens) und Thanatos (Gott des Todes). Diese benutzte der Begründer der Psychologie, Freud bezüglich seiner Triebtheorie. Freud unterschied zwei Triebe, den Lebenstrieb, den er auch als Eros bezeichnete und den Todestrieb, den er als Thanatos bezeichnete.

Der Lebens- bzw. Liebestrieb(Eros) und der Todestrieb (Thanatos) führen zu der Troika der indischen Götterwelt, Vischnu, Shiva und Brahman. Vischnu (Eros) wird als Schöpfer des Lebens aufgefasst, der Gott, der das Leben entstehen lässt und Shiva (Thanatos) ist der Zerstörer, der Gott der das Leben vergehen lässt. Über Vischnu und Shiva steht Brahman, der den Geist repräsentiert. Es gibt in der indischen Götterwelt, den Gott Krischna, der Sohn bzw. die Inkarnation Vischnus. Krischna lehrt Ajuna in der Bhagavadgita die richtigen Handlungsweisen.

Die indische göttliche Troika und Krischna geleiten zu der göttlichen Dreifaltigkeit des Christentums. Gottvater als Schöpfer, der Heilige Geist und Jesus Christus. Christus im griechischen Christo (Chrischto ausgesprochen) ist als Wort und der Intonation sicherlich verwandt mit dem Wort Krischna und seiner Aussprache. Christus ist der fleischgewordene Sohn, die Inkarnation des Schöpfers, Gottvaters. Die Geschichte des Christentums ähnelt frappierend, der indischen. Christus der fleischgewordene Gottvater symbolisiert den Körper des Menschen. Der Heilige Geist repräsentiert den Geist bzw. das Bewusstsein des Menschen. Was symbolisiert Gottvater? Einige Jesuiten sind der Meinung, unter Gottvater ist die Seele des Menschen zu verstehen. Unter Zuhilfenahme der Logik könnte man zu dem Schluss kommen, dass der Mensch aus drei wesentlichen Teilen besteht, dem Körper, dem Geist (Bewusstsein) und der Seele. Anzumerken sei, dass der Geist häufig das Bewusstsein und die Seele die Emotionen und Gefühle umfasst. Hier wird im weiteren davon ausgegangen, dass der Geist das Bewusstsein ist und die Gedanken umfasst. Die seelischen Prozesse gekennzeichnet durch Gefühle sind davon getrennt. In der Vernunft nach Cusano können sich Gedanken und Gefühle zu einer geistigen Seele im Menschen zusammenfinden.

Vergleicht man das indische und das christliche Göttersystem, so werden zwei interessante Fragen aufgeworfen.

Welcher Zusammenhang könnte zwischen indischen und christlichen Göttern bestehen?

Gibt es Unterschiede in der Hierarchie der indischen und christlichen Götter?

Zu der Frage des Zusammenhangs: Vischnu als Schöpfer des Lebens könnte man mit Gottvater. gleichsetzen und Brahman als geistiger Gott der Inder mit dem Heiligen Geist. Der Zerstörer Shiva, der neutral das Vergehen des Lebens symbolisiert findet sich in der christlichen Welt als böser Teufel und als Gegenspieler Gottvaters (siehe dazu Zarathustra) wieder. Jesus Christus (Krischna) als Symbol für den Körper, der fleischgewordene Gottvater ist in der Dreifaltigkeit zum Gott erhoben. Die drei Götter de des Christentums symbolisieren die drei Teile des Menschen.

Gottvater, die Seele - Vischnu

Der Heilige Geist(das Bewusstsein), die Gedanken – Brahman

Jesus Christus der Körper - Krischna

Der Teufel als Gegenspieler Gottvaters ist negativiert – Shiva (neutral)

Zur zweiten Frage der Hierarchie der Götter.

Brahman, der heilige Geist (die geheiligten Gedanken) ist in der Trilogie der indischen Götterwelt der höchste Gott. In der christlichen Dreifaltigkeitstrilogie ist Gott Vater Repräsentant der Seele, Gefühle, Emotionen bzw. Psyche, der höchste Gott.

Bevor der Zusammenhang bzw. die gegenseitige Beeinflussung von Gedanken (Geist) und Gefühlen (Emotionen) erläutert wird, seien kurz die Götter zwei anderer Religionen erwähnt.

Höchste Gott der Götterwelt der Römer war Jupiter, Gott der Sonne. Ein weiterer hoher Gott, Mars als Gott des Krieges spielte bei den Römern eine bedeutende Rolle. Um 500 vor Christi für die Verteidigung des bedrängten Roms, die von Norden von den Etruskern und von Süden von den Griechen in ihrer Existenz bedroht wurden. Im weiteren zum Aufbau einer imperialen Macht.

Nach fast 1000 Jahren verlor Mars, der Kriegsgott seinen Einfluss und wurde durch das Christentum abgelöst.

Der Buddhismus kennt keinen Gott nur den Propheten Buddha. Dennoch gibt es ein göttliches Ziel, die Erkenntnis und das Erreichen der heiteren Gelassenheit.

Welche Bedeutung dem islamischen Allah zuzumessen ist, ist mir nicht bekannt. Vielleicht hat er die Bedeutung der Vereinigung von Geist (Gedanken) und Seele (Gefühlen).

Die Gefühle in der Form von Intuition und Instinkt steuern das organische Leben bzw. das kollektive Verhalten der Gattungen. Expansion und Kontraktion der Gattungen sowie ihr Zusammenleben. Insbesondere wird das Verhältnis der Tiere inklusive Menschen untereinander durch Flucht und Aggression bestimmt. Ausdehnung, Rückgang sowie das Aussterben von Gattungen ist umweltabhängig. Pflanzen und Tiere inklusive der Menschen bilden das organische System, das durch die Gefühle gesteuert und vom Geist, den naturwissenschaftlichen Gesetzen der Umwelt bestimmt wird. Die anorganische und organische Welt ist durch die naturwissenschaftlichen Gesetze des Geistes bestimmt. Die Gefühle sind den meisten heutigen Menschen nur zum Teil bekannt (unbewusst) somit auch ihre Ordnung und ihre Funktionen. Damit sind die psychischen Vorgänge einer naturwissenschaftlichen Betrachtung entzogen. Alles was dem menschlichen Bewusstsein nicht zugängig ist, wird von den Menschen, so zeigen die vergangenen Götter, als unerklärlich und damit göttlich angesehen. Wie die psychischen Vorgänge, so sind die Vorgänge des Bewusstseins (Geist) dem heutigen Menschen größtenteils verschlossen. Durch die naturwissenschaftlichen Gesetze ist im Sinne von Heidegger eine Lichtung zu schlagen, die aber nur einen kleinen Einblick in die Funktionsweise des Geistes und der Psyche gibt.

Der Geist regelt die Struktur und Zusammenhänge des Organischen und Anorganischen. Zusätzlich, dem Geist untergeordnet wird das Leben, das Organische durch psychische, emotionale bzw. gefühlsmäßige (seelische) Prozesse geregelt.

Aus den Ausführungen ergeben sich im Sinne Heideggers, „eine Lichtung in das Bewusstsein zu schlagen" folgende Aufgaben:

Welche Struktur und Funktionen hat der Geist hinsichtlich der Untersuchung der Phänomene des Bewusstseins?

Welche Struktur und Funktionen haben die Emotionen, Gefühle bzw. psychischen Prozesse?

Welchen Zusammenhang gibt es zwischen Geist (Gedanken) und Gefühlen.

Das Geheimnis des Heiligen Grals, gemäß Wolfram von Eschenbach, Parzival, übernommen von Epikur ist:

Die Freude des Körpers und die Ruhe der Seele (Emotionen, Gefühle)

Hinzuzufügen sei: Die Klarheit, Heiligkeit des Geistes

Als Kamel bezeichnete Nietzsche den Herdenmenschen, der gefangen in seinen Werten, die Last der Existenz trägt. Der Mensch als Löwe symbolisiert, überwindet den Drachen der Werte. Und er führt den Menschen zu seinem inneren Kind, das spielt. Das spielende Kind ist für Nietzsche das Ziel für den von seinen Werten befreiten Menschen.

Schopenhauer als Pessimist erklärt, dass es unmöglich sei im Kollektiv seine Individualität zu leben. Nur mittels Musik und Mitleid, so Schopenhauer, kann der Mensch in der unsinnigen Gesellschaft, sein nicht zu lösendes Leid, lindern.

Mohammeds drei Offenbarungen:

Erste Offenbarung: Lies: Mohammed sollte lesen lernen obwohl er es nicht konnte.

Zweite Offenbarung: Lass die alten Götter gelten.

Weitere Offenbarung: Die Nachtreise. Mohammed fliegt 1300 km von Medina nach Jerusalem. Dort trifft er die alten jüdischen und christlichen Propheten: Abraham, Jakob, Moses, Jesus usw. Anschließend durchschreitet er die sieben Himmel und trifft Allaah.

Von ihm erfährt er:

Die Einheit Gottes

Fünf Gebete am Tag

Sei tugendhaft

Aus der Vorstellung der arabische Stimme: Man ist ein Teil des heiligen arabischen Stammes wird die Überzeugung, wir sind alle gleich, wir sind alle heilig. Damit werden die arabischen Stammesfehden von Mohammed für unwürdig erklärt.

Mit der Auffassung Mohammeds: ich bin einer von euch, ist Mohammed nur noch ein menschlicher Prophet, kein Gott. Mohammed will nicht mehr verehrt werden sondern nur noch als guter menschlicher Bote angesehen werden.

Islam ins Deutsche übersetzt bedeutet Hingabe an Allah. Salam bedeutet Frieden.

Weitere Besonderheiten: Die Juden rufen mit dem Horn zum Gebet. Die Christen rufen mit der Glocke zum Gebet. Der Islam ruft mit der menschlichen Stimme zum Gebet.

932 n. Chr. entscheidet Mohammed, den Bruch mit der Stammesverbundenheit (den heiligen arabischen Stamm) und somit mit der Vergangenheit.

Der Kampf gegen seine herrschenden Verwandten in Mekka gleicht dem Kampf von Krishna gegen seine Verwandten, der in der Baghawat Gita niedergeschrieben ist.

Der Kampf ist nur gegen die Unterdrückung erlaubt. Mohammed erlaubt nicht den Kampf gegen Andersgläubige.

Mohammed verbietet ebenso die Rache gegen andere. Damals die Rache zwischen den heiligen arabischen Stämmen oder gegen Abweichler.

Träume

Die vier Träume des Ordysseus

Der in der Dunkelheit liegende Schießschartenbunker

Das kleine Zimmer mit den hohen Wänden und dem unerreichbaren, sonnenbeschienen Fenster

Das strubbelige, fratzenhafte und psychisch defekte Kind

Das Fliegen des Ordysseus, Ankunft in Ithaka

Ordysseus Geburt

Die Psyche. Ein unbekanntes Ding! Gibt es sie überhaupt? Der Agnostiker sagt vielleicht. Der Atheist sagt nein. Der religiöse sagt ja. Gibt es Gott? Komplizierter wird die Angelegenheit bei Aristoteles. Der Gnosticker sagt ja. Der Psychoticker sagt vielleicht. Der Hyliker also ein reiner Materialist glaubt nicht an Gott. Die Psyche aus dem altgriechischen übersetzt, bedeutet: Das Innere des Korns. Werden die Schalen von dem Korn entfernt, bleibt der Kern erhalten. Aus diesem Inneren des Korns wird Baguett gebacken. Warum glaubten die alten Griechen, dass das Leben aus dem Korn entspringt? Sie hatten in der Wüste beobachtet, dass ein dort vergrabenes Korn, gießt man Wasser darauf, zu leben beginnt. Es grünt. Die alten Germanen bezeichnete die Psyche als Seele. Aus dem altdeutschen übersetzt, bedeutet Seele die aus dem Wasser kommende. Wirft man ein Korn in das Wasser, von dem die Germanen umgeben waren, so grünte es. Es entstand Leben.

Eine junge deutsche Frau in Siebenbürgen wohnte mutterseelen allein in einer Försterei. Das nächste Haus eines Waldarbeiters lag 500 m von ihrem Haus entfernt. Die entlaufenen, russischen Kriegsgefangenen versteckten sich in den Wäldern. Ihr Mann, der Förster hielt sie in Versailles auf und war für die Jagd des kommandierenden Generals der West Front zuständig. Allein umgeben von Franzosen. Wenn er schlief lag auf seinem Bett ein entsichertes Jagdgewehr. Beide hatten Hunde in ihrem Zimmer, die anschlagen sollten, wenn sich jemand nähern würde. Das junge Paar frisch verheiratet hatte Angst. Der Förster vor den französischen Partisanen, seine junge Frau, vor den russischen, entlaufenen Kriegsgefangenen.

1943 tobte der Zweite Weltkrieg in Europa. Hitler hatte 42 verfügt, dass alle arbeitsfähigen Frauen, die keine kleinen Kinder hatten, in die Fabrik zum Arbeiten gehen müssten. Lore entschied sich für Kinder. Franz kam 1943. Er wollte nicht auf diese Welt und starb innerhalb eines halben Tages. Wolfgang kam 1944. Meinte ebenso: Keine guten Aussichten und starb nach drei Tagen. Herbert kam 1945. Auf der Flucht bei Verwandten in Magdeburg erblickte er die Welt und blieb. Im Käsewagen hinter Kisten versteckt, gelangten Mutter und Kind über die Grenze der russischen Zone. In der englischen Zone, in Bad Harzburg angekommen, erwartete sie der Förster. Nach einer sechswöchigen Gefangenschaft bei den Amerikanern am Bodensee war er durch Deutschland in den Harz geradelt und hatte als Förster bereits eine neue Anstellung. Polnische Kriegsgefangene hatten den bisherigen Förster und seine Familie erschlagen, nachdem dieser noch die alten Nazimanieren an den Tag gelegt hatte.

O, das Wunschkind von Lore, erblickte, wider willen 1952 die deutsche Welt. O stemmte sich mit den Füßen gegen den Muttermund, wurde aber mit Gewalt durch Kaiserschnitt mit der Zange geholt.O blieb am Leben.

Im lateinischen bedeutet Emotion etwas der Seele bzw. Psyche, denke ich, verwandtes. Definieren wir das diesseitige der Seele, Emotion ins Deutsche übersetzt, „Das Bewegte", „Das Bewegende" oder „Das aus der Ruhe herausbewegte". E bedeutet im lateinischen heraus, movere bedeutet, bewegen. Das kann man gleichsetzen durch das Wort herausbewegt. Woraus herausbewegt. Aus der Ruhe! Zur Erinnerung, im englischen heißt bewegen, to move.

Nachdem die griechische und germanische sprachliche Bedeutung der Seele und Psyche, Aussagen über den Ursprung der Seele, das Wasser und das Innere des Korns gemacht haben, beschreibt das lateinische Wort Emotion Eigenschaften des diesseitigen Teils der Seele, ihre Bewegung und Bewegtheit.

Betrachtet man das Wort Emotion genau, E gleich heraus, movere gleich bewegt, so gebietet die Logik aus der Ruhe heraus bewegt.

Nimmt man, die aus der Sprache des lateinischen abgeleiteten Thesen an, so gibt es zwei diesseitige Zustände der Seele: Erstens den Ruhezustand und zweitens den bewegten oder bewegenden Zustand. Der Bezug zum hinduistischen Wort Atman (der Hauch) können wir bezüglich der Emotion, des Herausbewegten, ebenso ziehen. Der Hauch, ein Kind des Windes, bewegt etwas in der körperlichen, materiellen Welt. O wurde belebt spätestens nach dem berühmten Klapps der Hebamme auf den Hintern. Welche Begrüßung!

Erster Traum undOrdysseus Kindheit 1952 -1960, im Harz

O hatte keine Erinnerung an sein Leben bis er neun Jahre alt war. Er verdrängte diese Jahre. Nicht nur eine Gefühlsblindheit sondern auch eine Gedankenblindheit des eigenen Erinnerungsvermögens. Diese Unvermögen geht gegen Null. O erinnert sich trotz, der von anderen berichteten, eigenen Verhaltensweisen, nicht daran. Was bleibt von dieser Zeit? Im Zeitraffer, er wollte nicht auf diese Welt, Magenschmerzen, in der Rückschau, wahrscheinlich beklommene Gefühle. Merkwürdig sich wiederholende Träume.

Die lustigen Ereignisse, meist verdrängt und nebulös. Eine bildhafte Vorstellung ist O nicht beschert. Selten tauchen Bilder in den Träumen, wenn in schwarz-weiß auf.

Die Geschichte erzählten ihm seine Familienmitglieder immer wieder. O öffnete nach dem Klingeln die Tür. Draußen stand der Forstmeister, der Chef seines Vaters. Vom Inneren des Hauses erscholl die Stimme seines Vaters, „wer ist da"? O antwortete: „Hier ist der blöde Hund". So hatte er es von seinem Vater häufig gehört.

Eine peinliche Situation. Bei späteren Erzählungen löste die Geschichte großes Gelächter aus.

Die Träume des O . Ein interessantes Kaleidoskop weniger, sich häufig wiederholende Träume und dieses über Jahre. Der erste und einzige sich wiederholende Traum bis zu seinem sechsten oder neunten Lebensjahr, wahrscheinlich bis zu Beginn der Pubertät, äußerte sich wie folgt.

Im Traum erschien ihm ein Bunker mit Schießscharten, eine schwarze geteerte Straße, feucht,glänzend erstreckte sich vor dem Bunker. Es war kein Mensch zu sehen, kein Geräusch zu hören, kein Mondschein. Im Bunker geschah nichts. Der Bunker war einfach nur da, mit seinen Schießscharten und dem Blick auf die schwarze, nasse, geteerte Straße. Der Traum läuft immer in schwarz-weiß bzw. Grautönen in der Dunkelheit ab. Um ihn zu interpretieren, denke ich, ist das zentral. Dieser Traum war der einzige Traum des O in dieser Zeit.

In manchen Nächten kam dieser Traum jede Nacht, dann wieder nächtelang nicht. Der Traum begleitete O durch seine Kindheit.

Erst als O Mitte 30 war und der Traum ihm fast 26 Jahren nicht erschienen war, erkannte O die Zusammenhänge. Sein frühes Interesse an der Kriegsliteratur im Alter von 9-12 Jahren wurde ihm erst nach dem 60. Lebensjahr bewusst.

Bewusstheit hinsichtlich der Gefühle erst nach einer fast dreißigjährigen Fahrt, teils auf stürmischer hoher See durch die Psyche mit seinen Wellenkämmen und -tälern, den Schatten- und Lichtseiten, den Kurzschlüssen der Seele.

Mit den Erfahrungen im Land der reinen Emotion, in dem die Realität der so genannten Unwissenden oder Normalen, die Sachebene (Watzlawik), eine untergeordnete Rolle spielt, wurden O seine Kindheitserlebnisse bewusst.

Was geschah in der so genannten Realität, auf der Sacheebene?

Es wurde sehr viel gearbeitet, viel gefeiert, mindestens zweimal im Monat, zum Beispiel Geburtstage, der 4-5 Paare der bürgerlichen Gesellschaft, die sich zusammengefunden hatten, um zu.feiern. Mitte der Fünfzigerjahre, ja der Krieg war vorbei. Zwischen Jagdhütte und Villa mit Swimmingpool und Fernseher am Hang, über der Stadt, waren viele Sonntage für uns Kinder kurzweilig. Mit den Autos wurden wir durch die Berge transportiert. Die wohlhabenden Freunde und Jagdgäste von O s Vater reisten mit dem Mercedes oder die Minister mit dem 300 Mercedes und Fahrer an. Ab und zu wurden Holzdiebe auf ihrem Traktor mit Waffengewalt zur Polizei in die Stadt eskortiert.

Schon der unerschrockene Großvater hatte um 1900 den Wilddiebe im Angesicht des Todes, zu ihrem Erstaunen oder unter Versagen ihrer Waffen, Pistolen und Gewehre abgenommen.

Über der prallen, arbeitsamen, von vielen Feiern unterbrochenen Realität lag etwas Dunkles, Verdrängtes. Ein im Dunkeln liegender Bunker mit Schießscharten an einer schwarz glänzenden Teerstraße und ein Kind mit Magenschmerzen, dass der Vater durch die Küche trug. Das Kind, O verhinderte so, dass sein Vater weiter arbeitete und lenkte von den konfliktären, nicht verarbeiteten Emotionen, teils der politischen Vergangenheit, teils der Familie des Vaters und der Mutter entsprungen, ab.

Zum Verständnis, das Haus von O s Familie lag an einer nachts, schwarz glänzenden Teerstraße, das arbeitsame, feiernde Försterhaus. Im Traum ein in der Dunkelheit liegender Bunker mit Schießscharten.

Tagsüber in der Realität, auf der Sacheebene von Füchsen und Habichten heimgesucht, die an die Eier legenden Hühner wollten. Diese aber wurden von den Bewohnern aufgeregt aber mit Leichtigkeit abgewehrt.

Hinter der Realität, hinter den Spiegeln lauter nicht nur nachts, auch tagsüber auf der Gefühls-bzw. Beziehungsebene der im Dunkeln liegende Schießscharten bunker. Das Gefühls-und Beziehungsleben war eingemauert in einen Schießschartenbunker und wurde im Dunkeln gehalten. Die Gefühle der Vergangenheit sollten nicht ans Tageslicht kommen. Ein Zeichen für die verdrängten Gefühle und die Beziehungslosigkeit war die Sprachlosigkeit der Familienmitglieder. Es wurde nicht miteinander gesprochen, nur das notwendigste. Es wurde nichts gelesen, außer ab und zu eine Tageszeitung. Musik wurde zu den Festen gespielt, zum Tanzen, sonst war zum Musik hören keine Zeit.

Der Bunker, nur von O im Traum sichtbar, von Ihnen im Dunkeln gehalten lag über ihnen. Viel, viel später würde er sie erreichen.

O will verstehen lernen. Zwischen neun und zwölf hatte er sich mit der Kriegsliteratur, wie „Stalingrad" oder „Das Geduldige Fleisch" beschäftigt. Die Kriegsromane aber auch eine zweibändige Dokumentation des Zweiten Weltkrieges hatten ihn nicht weiter gebracht.

O reist zurück an den Anfang des 20. Jahrhunderts und dem Ende des 19. Jahrhunderts.

Was war hier geschehen. Stefan Zweig mit „Der Welt von Gestern". Oskar Maria Graf mit seinem Roman „Wir sind Gefangene". Ein Forstmeister vom Darß in Vorpommern Mecklenburg bei Rügen mit dem Roman „Verklungen sind Horn und Geläut"? Proust in Frankreich „Auf der Suche nach der verlorenen Zeit" Jane Austen mit ihrem Roman „Madison Park". Die Literaten beschreiben außer Oskar Maria Graf die verloren gegangene Welt der groß- und gutbürgerlichen Gesellschaft und des Adels, die nur ein kurzes wieder Aufblühen, in den zwanziger Jahren des 20. Jahrhunderts hatte.

Als einziger der vorgenannten Schriftsteller schildert Oskar Maria Graf die Welt der nicht bürgerlichen Gesellschaft, die Welt der Arbeiter, der Handwerker und der Dienstboten und sein Versuch als Einzelner, aus dem Handwerker Milieu stammender, in der Boheme Szene, Münchens , diese trostlose Welt zu verlassen und Platz zu nehmen an dem Tisch von Zweigs, Hesse, den Manns, Forstmeistern, Adligen und der wohlhabenden bürgerlichen Gesellschaft.

Sie sitzen zusammen und feiern in der Villa von Zweig auf dem Kapuzinerberg in Salzburg, die Manns, Hoffmanntals, Richard Strauss und viele andere Intellektuelle. Klaus Mann fährt mit seiner Schwester mit dem Auto durch Russland. Das Kabarett blüht. Im Sommer treffen sich die europäischen Intellektuellen in der Trattoria der Wirtin Quisiana . Heute das Luxushotel auf Capri, auch Lenin ist dabei. Beckett, der englische Schriftsteller baut auf der 400 m hohen, wunderschönen Steilküste Amalfis, die Villa Cimbrone, um dem Tumult auf Capri zu entkommen und dennoch mit Blick über den Golf von Sorrent und auf Capri.

Den Herbst verbringt die Gesellschaft im eleganten, gemütlichen und schönen Waldhaus im Engadin, unweit St. Moritz. umgeben vom schimmernden Rot, der 4000-5000 m hohen, Preiselbeeren bewachsenen Berge.

Doch der im Dunkeln gehaltene Schießschartenbunker erreicht auch sie.

C. G. Jung wacht nachts in der Schweiz auf und meint deutsche Soldaten marschierten an seinem Haus vorbei. Hermann Hesse in Sils Marie im Waldhaus, sieht mit schlechtem Gewissen dem Vergnügten und buntem Treiben, der Gesellschaft zu, die dem Krieg ausgewichen ist. Klaus Mann, 1950 Selbstmord in Nizza. Stefan Zweig Selbstmord in Buenos Aires. Zweig, nach dem Tode von Hugo von Hoffmannstal, der Librettischreiber, der Opern von Richard Strauß, gespielt an 80 deutschen Opernhäusern.

Graf angekommen in der wohlhabenden bürgerlichen Gesellschaft lebt bis zum Tode frustriert in der Expatria Gemeinde New Yorks, die niemals in der amerikanischen Gesellschaft ankommt.

Schicksale von vor 60 Jahren. Klaus Mann, Stefan Zweig und Oscar Maria Graf. Sie sind mit der Nachkriegsgesellschaft nicht zu recht gekommen.

O auf der Suche nach Sinn

O kommt mit dieser Gesellschaft auch nicht zu recht. O stellt sich die Frage was tun diese menschlichen Automaten hier? Für was kämpfen sie? Warum vermehren sie sich? Befriedigende Antworten erhält er nicht. Macht, Ruhm, Selbstdarstellung, Leben durch die Kinder, Leben für andere, nur nicht Leben für sich selbst. Was für ein Leben?

An der Spitze ist noch zu weit hinten.

Lebende Vorbilder gibt es für O nicht.

O findet Sokrates, Jesus und Galiläus vielleicht auch Voltär interessant.

Sokrates,den Schierlingbecher trinkend, Jesus, am Kreuz hängend. Keine gute Alternativen. Galiläus Widerruf der Erkenntnis und der Wahrheit," und sie dreht sich doch um die Sonne" und sein Ausspruch: „Ich liebe Wein, Weib und Gesang und mache im Untergrund weiter", ist eher nach O`s Geschmack. In diesem Zusammenhang fällt mir Snowden, im Transitbereich des Moskauer Flughafens ein. Ich fürchte es geht ihm wie Sokrates und Jesus.

Gottvater kommt zu Jesus und sagt" unten geht wieder alles drunter und drüber. Du musst wieder runter." Jesus sagt: „Auf keinen Fall". Nach ein paar Wochen kommt Gottvater wieder und sagt zu Jesus:" Also beim besten Willen, es ist unbedingt notwendig, dass du wieder auf die Welt zurückkehrst!" Nach dem dritten Mal, erklärt sich Jesus bereit, nachdem Gott Vater gesagt hatte, es ist doch nur für 34 Jahre.

Der Heilige Geist und Gottvater warten auf Jesus, der nach 34 Jahren nicht erscheint. Sie wundern sich und denken das muss doch ganz gut auf dieser Erde sein, sonst würde er doch nicht zu lange bleiben. Es vergehen 40 Jahre. Jesus kommt nicht! 60 Jahre. Jesus kommt nicht. 80 Jahre. Jesus kommt nicht! Nach 84 Jahren erscheint Jesus an der Himmelspforte, der Heilige Geist ganz erstaunt, begrüßt ihn freudig und Gottvater fragt:" Na auf der Erde, das hat dir ja wohl gut gefallen?" Jesus darauf hin: „So ne Scheiße, die haben die Todesstrafe abgeschafft!"

Ich muss unweigerlich an Snowden denken.

O`s zweiter Traum, sein manisch/depressiver Zustand und seine Studienzeit

O hat einen neuen, sich wiederholenden Traum. Der im Dunkel liegende Schießschartenbunker war seit seiner Kindheit nicht mehr erschienen. Kein Traum hatte ihn jemals wieder erreicht. Nach einer dreimonatigen Försterlehre, die ihn nicht weiter interessierte, studierte er Physik und nach Abschluss dieses Studiums, Betriebswirtschaftslehre. Bemerkenswert ist, dass er seit seiner Pubertät manisch depressiv ist, was O nicht bewusst ist. Gefühle? O weiß nicht was das ist! O hat in jeder InDisco eine Flasche Jack Daniels stehen. Eine schicke Freundin, den schnellsten BMW, studiert und hat die Taschen voller Geld. Keine Party ohne ihn, dem Maniker, der alle unterhält.er reist durch Europa, geht in die Oper, liegt an der Ostsee und bevölkert abends die Diskotheken und Partys. Reiche Freunde und die, die es werden wollen und es auch werden, umgeben ihn. Mit seinen schnellen BMW rast er mit 150-200 durch die Berge. Angst kennt er nicht! Gefühle musste er erst kennen lernen. Skilaufen mit Freunden und schicken Frauen, Tennis spielen, Billard und Bowling und in der Sonne liegen, damit verbringt er seine Tage. O beschäftigt sich mit Philosophie und Psychologie und diskutiert in Villen über das Leben. Von dem hat er genau genommen keine Ahnung.

Da erscheint doch so ein Traum und er wiederholt sich. O träumt: Er liegt in einem leeren Zimmer. Das Zimmer ist ganz klein. Es hat sehr hohe Wände. Ganz weit oben ist ein kleines Fenster durch das Licht einfällt. Unerreichbar hoch! Helles, gelbes Licht scheint herein. O kann nicht durch das Fenster hinausschauen. Es ist zu hoch.

O promoviert in Hamburg, setzt sein pralles Leben fort, sein Geld wird knapper und seine manisch depressiven Zustände, die immer noch unbewusst sind, machen ihm mehr und mehr zu schaffen. O verabschiedet sich vom Geld, vom BMW, fährt Fahrrad, treibt sich dennoch in den Discos herum. Die Türsteher kennen ihn. Die reichen Freunde auch. Sein Interesse aber wendet sich die Entwicklung seiner Seele, seine Emotionen und Gefühle zu.

Es ist das Ende der siebziger und Anfang der achtziger Jahre. Bagwahn, Kundalini Yoga, Ronald D. Laing, Marcuse, C.G. Jung und Erich Fromm sind In.

O veranstaltet Erich Fromm Seminare. Seine neue Freundin ist perfekt im Ablesen der mimisch und gestisch ausgedrückten Gefühlsinteraktionen von Menschen. Sie erklärt ihm die Abläufe, die er nur mühsam oder gar nicht, auch noch nicht nach zwei Jahren, wahrnehmen kann. O betreibt Hatha- und Pranajama Yoga, meditiert und absolviert eine pädagogisch orientierte, humanistische Therapieausbildung an der Universität Bremen. Inhalt: Gesprächs-, Gestalt-, Familientherapie, Psychodrama, Bioenergetik,Transaktionsanalyse. Sein Wissen über die Emotion bewegt sich immer noch nahe Null. O kann immer noch nicht aus dem hohen Fenster, in seinem leeren Raum schauen.

Tod der Mutter, Einbruch der Gefühle und Grenzerfahrungen

20 .Mai 1983 Hamburg

Mitten aus dem Tiefschlaf schreckte O hoch. Er war plötzlich hellwach, sein Oberkörper erhob sich automatisch, senkrecht in die Höhe. Das Adrenalin schoss in seinem Körper und verursachte eine große Unruhe und Aufregung. Unerklärlich für O . Er wusste nicht was geschehen war. Was geschah mit seiner Wahrnehmung? Ein äußeres Geschehen war nicht festzustellen. Alles um ihn herum war ruhig. Seine Freundin schlief und doch durchflutete ihn eine große Aufregung.

Seine geistige Konzentration lenkte sein Bewusstsein nach innen. Träume hatte er seines Wissens nach nicht gehabt. Einmal als Student schreckte er in der Nacht in ähnlicher Weise hoch. Damals bei einer Vermieterin eines Studentenzimmers, die Tür verschloss er nie, schreckte er hoch. Eine Person vermutete er, war im Zimmer und näherte sich seinem Bett. O erkannte nur Umrisse, reflexartig stieß er mit seinem Fuß auf diesen sich nähernden, menschlichen Schatten, traf ihn auf die Brust. Ein Aufschrei eine Entschuldigung, der Schatten drehte sich um, verließ das Zimmer. Es war kein Einbrecher, Mörder nur der volltrunken Sohn der Vermieterin, der sich in der Tür irrte.

In dieser Nacht des 20 Mai tat sich in der äußeren Umgebung von O nichts, völlige äußere Ruhe. Keine Träume, keine physischen Einflüsse, außer einer starker Erregung und Unruhe nahm O nichts wahr.. Dann sah er vor seinem geistigen Auge eine in der Dunkelheit davon schwebende Figur ein Etwas. Ganz weiß erscheinendes, ein kleines aber sehr deutlich zu sehendes geflügeltes Wesen. Das Wesen schlug nicht mit den Flügeln. Es erschien ihm, wie zwei aneinander liegende Dreiecke. Es glitt, schwebte einfach langsam fort.

Die Form, die eines kleinen weißen Flugzeugs eigentlich ohne Kopf oder Bug. Weiß, wie eine

Wolke, nicht durchsichtig. Ein geflügeltes Herz. O saß mit gestreckten Beinen und aufrechtem Oberkörper auf seinem Bett, einerseits erstarrt, andererseits ungeheuer aufgeregt. Lena inzwischen aufgewacht, sah ihn schlaftrunken an. In diesem Moment schießt ihm der Gedanke durch den Kopf alles läuft im Zeitlupentempo ab. Ganz langsam, trotz der Aufgeregtheit.

Ähnlich, wie damals, vor zwölf Jahren 1971 Zwischen Tarifa und Cadis in Andalusien am Gründonnerstag kurz vor Ostern.

Eine sehr lang gestreckte Kurve unterbrach den geraden Verlauf der Straße. Bequem mit 150 km/h ist die Kurve zu passieren. Doch plötzlich bei einer Geschwindigkeit von 120 km/h, in der Mitte der Kurve drehte sich der weiße VW-Käfer um 180° und fährt rückwärts. O versucht mittels Rückspiegel und bremsend der gebogenen Straße zu folgen. Die Geschwindigkeit betrug immer noch ca. 100 km/h. Ein Stück weit gelang es. Dann bemerkte O , dass er den linken Rand der Linkskurve bedrohlich nahe kam. Der weiße VW-Käfer war auf die entgegengesetzte Fahrbahn gekommen. O war es nicht mehr möglich das Fahrzeug rückwärts fahrend, in den Spiegel blickend auf der Fahrbahn zu halten. Ein Blick über die rechte Schulter erschreckte ihn. Nicht sehr tief, vielleicht 1 m geht die Böschung Richtung einer mit großen Felsbrocken belegten zum Meer gelegenen Ebene hinab. Die Felsbrocken, teils so groß oder größer wie der VW, liegen direkt hinter der Böschung.

Der Wagen erreicht die Kante der Böschung, dreht sich diesmal in der Senkrechten um 180°. Dieses Ereignis wird O nicht mehr gewahr. Er wird ohnmächtig bevor die Drehung erfolgt. O rekonstruiert später aufgrund der Schäden und der abschließenden Lage des Fahrzeugs das Geschehen. Die Fahrt, rückwärts durch die Kurve, bis zum erblicken der großen Felsplatten läuft im Zeitlupentempo ab, wie jetzt am 20. Mai, 4:00 Uhr nachts 1983. O wird angesichts der riesigen Steine ohnmächtig, denn der Gedanke, der ihm durch den Kopf schießt, sobald der Käfer mit dem Dach, mit dieser Geschwindigkeit auf die Steine schlägt, lässt wohl den nahen Tod annehmen. Große Teile seines Lebens laufen in geballter Form im Zeitlupentempo, in diesem paar Sekunden im Bewusstsein ab. Kindheit im Försterhaus, auf die Jagd gehen, sein großer brauner Hund, Bello, der eine Kreuzung aus Setter und langhaarigen Weimeraner war, seine Schulkameraden, die Eltern die strohgedeckte Försterei in der Lüneburger Heide, seine alten Schulkameraden und die Streiche dir mit ihnen ausgeheckt und ausgeübt hatte. Hamburg die Alster und die Elbe, alles war dabei.

In der Erwartung, das Leben nach dem Tod zu erfahren, wachte O aus seiner Ohnmacht auf.

Merkwürdig, denkt O. Um ihn herum sieht er gräuliche, bräunliche und sandige Schwaden. Vor seinem Blick undurchdringliche Luft. O denkt, merkwürdig. Wo bin ich? Tod oder lebendig. Um festzustellen, um welchen Aggregatzustand seiner Seele und seines Körpers es sich handelt, greift O instinktiv nach rechts, zum Beifahrersitz, auf dem Peggy sitzen müsste. Da ist jemand! Also noch im Diesseits kein Jenseits, kein Nirwana und keine ewigen Jagdgründe und auch keine 75 Jungfrauen. Naja! Nun geht das Gestrampel auf der Butter erstmal weiter.

Das normale Zeittempo ist wieder erreicht. Keine Zeitlupe. Nachdem er sich vergewissert hat, das Peggy noch da ist, greift O nach links, um die Fahrertür zu öffnen. So sehr er versucht, sie zu öffnen, sie klemmt. „Peggy, Peggy! Öffne die Beifahrertür, meine Tür klemmt!"Er denkt, es könnte brennen. Erst jetzt wird ihm gewahr, dass Peggy und er auf dem Kopf in den Sicherheitsgurten hängen! Peggy gelingt es, die Tür zu öffnen. O öffnet beide Sicherheitsgurte und Peggy und er kullern, aus dem, auf dem Dach liegenden Fahrzeug auf die Wiese.

Erster Blick: Peggy ist scheinbar unverletzt!

Zweiter Blick: Herby liegt auf dem Dach bzw. Kopf auf der Wiese!

Dritter Blick: Hinter den Steinen geht die Wiese an der Böschung vorbei und es ist möglich, mit dem Wagen über das Grün zu fahren, um auf die Straße zu gelangen.

Vierter Blick: Der Wagen ist ca. 40 m von der Straße entfernt. Erst auf den Felsbrocken und dann anschließend auf Wiese sich überschlagend, war Herby auf dem verbeulten Dach im Gras gelandet.

Fünfter Blick über den vierten Blick hinausgehend zur Straße: Mindestens 50 Menschen stehen, aus ihren 30-40 Fahrzeugen ausgestiegen, aufgereiht, blicken , starr, sich kein bisschen bewegend auf uns und den Unfall. Keiner von ihnen macht Anstalten auf uns zuzukommen oder zu helfen.

Sechster Blick: Peggy hat einen Schock!

Ich denke das Beste ist jetzt Aktivität! Erst mal den Wagen vom Dach auf die Räder drehen, dann, versuchen ihn zu starten und über die Wiese fahrend, die Straße zu erreichen. Vielleicht geht das? Ich brülle, winkend, der starr, glotzenden Menge entgegen:" Come on! Help us!," Als ich mit Hilfe Peggy s, es nicht schaffe den weißen VW-Käfer von der Seite auf die Räder zu drehen. Zu zweit gelang es uns, aufgrund des kugelförmig gebogenen Daches, Herby um 90° auf die Seite zu drehen. Unsere Kraft reicht aber nicht aus, um ihn von der Seite auf die Räder zu drehen.

Nach mehrmaligem Brüllen und Winkeln, lösen sich 3-4 Männer aus der erstaunt, starr, glotzenden Menge, kommen auf uns zu und mit ihrer Hilfe gelingt es den flotten Herby auf die Räder zu drehen.

Jetzt kommt der spannende Moment! Springt der Weiße an? Nach mehrmaligen Versuchen und mit dem Gaspedal pumpend, tatsächlich er brummt und ruck zuck fahre ich auf die Straße.

Die Heckscheibe liegt heil auf der Wiese, die fahrerseitige, hintere Seitenscheibe ist zerbrochen. Fahrerseitig eine dicke Beule im Dach. Viel tiefer hätte sie sich nicht in den Fahrgastraum ausbeulen dürfen, dann hätte O nicht überlebt. Die Gegenstände, die von dem hinteren Stauraum des Käfers herausgefallen waren, zwei von zehn Flaschen Wein, waren zerbrochen, sammelten wir inklusive Heckscheibe ein und brummten bevor die Polizei, Krankenwagen oder sonst was vor Ort war im Angesicht der erstaunten Menge davon.

In diesem Moment gab es einen typischen, spanischen,, starken Sommerregen. Es prasselte wie verrückt und durch die offene Seiten- und Heckscheibe regnete es herein. Der starke Wind tat sein übriges Peggy, durch die Nässe gekühlt, klapperte, unbewusst und immer noch unter Schock mit den Zähnen. Unter- und Oberkiefer schlugen klappernd gegeneinander. Plötzlich sagte sie: „Mein Unterschenkel schmerzt". Ich halte, untersuche das Bein. Eine mit einem Magneten im Fußraum befestigte Taschenlampe war ihr an das Bein geschlagen als wir rückwärts mit dem Käfer über die Wiese rutschen. Abschürfungen und eine Schwellung Ich steuerte eine am Wege stehende Krankenstation an. Der Arzt legte einen Verband an. Osterdienstag ließen wir einen Achschenkel des rechten Vorderrades auswechseln. Wir hatten mit Zelophan die Seitenscheibe zugeklebt. Die Heckscheibe mit Klebeband wieder eingefügt. Jetzt ging es mit dem guten Herby 3000 km heimwärts nach Hamburg. O fuhr noch drei Monate bis zum TÜV mit dem verbundenen Herby in Hamburg herum.

20 Mai 1983 Hamburg, 4:00 Uhr nachts

O fuhr bei dem davon gleitenden weißen, wolkenähnlichen, herzförmigen Gebilde in seiner ruhigen, starken Aufregung im Zeitlupentempo, blitzartig der Gedanke durch den Kopf: „Meine Mutter ist gestorben, Tod." Es begann für O die psychische Odyssee. Vom 20. Mai bis 20.

November 1983, 6 Monate befuhr O die schwere See der Emotionen. Von Troja nach Ithaka, ein weiter Weg. Siren, Riesen, Kalypsos Schweine und Circe warteten am Wegrand. Gefühlsstürme und Wahrnehmungsschimären durchfluteten Geist und Körper. Innere und äußere Welt vermischten sich. Micro-und Makrokosmos gaben sich die Hand. Irreales, Imaginäres und Reales schwirrten durch Kopf und Körper. Die Emotionen wirbelten durcheinander.

Der Blick aus dem Fenster des zweiten Traums oder der Einbruch der Gefühle in O`s Welt

Emotionale Wellen, mal pulsierend, mal chaungierend und mal elektrisierend, ergriffen Besitz von mir. Das Meer von Emotionen in Form von Wellen durchflutet mich. Meine Haut lud sich ab und zu auf. In der Badewanne stiegen von meiner Haut Luftbläschen auf. Vielleicht die elektrische Entladung? Die Wahrnehmungen spielten verrückt! Mal wurde eine Hälfte meines Körpers heißer als die andere und umgekehrt.

Aber der Reihe nach. Die äußere, sachliche Welt trat in den Hintergrund. Ich wurde arbeitsunfähig. Mein Sehvermögen trübte sich zeitweise ein. Das Gefühl der Angst überwältigte mich. Es beherrsche mich. Auf meinen Streifzügen durch die Stadt Hamburg gelangte ich in den Alsterpark am Harvestehuder Weg. Am blauen Himmel schien die Sonne. Keine Wolke war zu sehen. Die Alster schimmerte blau. Die Wiesen und Bäume waren satt grün. Die Blumen blühten. Die Vögel zwitschern. Nichts von dem nahm ich wahr. Ich konnte nur noch die Umgebung in schwarz/ grau sehen. Es kam mir vor als ob atomare Blitze das schwarz/ grau durchbrachen. Und eine große Angst erfasste mich. Mein Verhalten muss äußerst merkwürdig gewesen sein. Meine Freundin war aufgrund meines Verhaltens, so denke ich, zu ihren Eltern nach Nürnberg gefahren. Freunde hatten ein großes Interesse an mir und wollten mir helfen, so schien es jedenfalls. Doch das war ihnen nicht möglich. Ich reise meiner Freundin hinterher. Meine Wahrnehmungen schlugen immer größere Kapriolen. Die Hitze-und Kälte Empfindungen meiner zwei Körperhälften und die elektrischen Ladungen nahmen zu.

Drei Wahrnehmungskanäle spielten mit mir Theater. Das Auge, das Ohr und der Tastsinn. Ich hörte das Glockengeläut einer Kirche oder das Klingeln eines Telefons. Ich nahm das Telefon ab, niemand war am anderen Ende. Ich wurde misstrauisch. Wenn Personen in meiner Umgebung waren, fragte ich diese: „Läuten die Glocken?" Antwort nein! Läutet das Telefon?"Antwort nein! Aha! Ich hatte das Glockengeläut und das Läuten des Telefons selbst produziert. Ich ging die Straße entlang, plötzlich bohrte sich ein Finger in meinen Rücken. Ich drehte mich um. Niemand war zu sehen. Ich gehe in eine Bank und obwohl ich kein Kredit brauchte, wollte ich einen aufnehmen. Ich stand an einer Straße und meine Wahrnehmung und Symbolisolation entwickelten sich sehr selektiv. Ich nahm nur die Personen in den Autos wahr, sonst nichts. Ich nahm nur zwei Eigenschaften an den Personen in den Autos wahr. Ihr Geschlecht und ihre Anzahl. Ich sah nur Autos in denen entweder ein Mann saß, oder ein Mann und eine Frau oder Mann und Frau und ein oder zwei Kinder. Es kam mir so vor als ob diese Symbole ein Hinweis seien, wie ich zukünftig leben wolle.

Youtube Video: Emotionen kontrollieren, Hubertus Ihn

Theorie der Emotionen

Vorwort

Ausgangslage

Vorwort

Was mich zu den Ausführungen bewegte ist, dass weder in der Philosophie noch in der Psychologie und ihren psychotherapeutischen Verfahren eine Systematisierung und Klassifizierung von Gefühlen so gut wie nicht vorhanden ist. Auffällig ist auch, dass die Psychologie als Erkenntnisgegenstand die Gefühle definiert aber die Gefühlszustände und – abläufe nicht zum Gegenstand ihrer theoretischen Erkenntnis erklärt. Weder die Sprache der professionellen

Psychologen noch die alltägliche Sprache benutzt häufig Gefühls bezogene Wörter. Die Menschen werden häufig als forsch, depressiv, manisch, zurückhaltend, sympathisch, unsympathisch usw. bezeichnet. Wörter wie liebevoll, traurig, schmerzlich, hasserfüllt, mutig, ängstlich werden dagegen seltener benutzt. Die gefühlsmäßigen Zustände werden eher tabuisiert und durch sachliche Ausführungen überspielt oder nicht zugelassen. Filme oder Musik werden benutzt, um sich die dargestellten Gefühle anzusehen, anzuhören oder sich auch von ihnen in andere Gefühlszustände zu bringen. Die zwischenmenschlichen Äußerungen hinsichtlich der Gefühle werden eher als Bedrohung oder als ein zu nahe treten aufgefasst. Sich beruhigen oder Gelassenheit zu erreichen, das scheint ein Gebot der Stunde zu sein. Viele Menschen gehen Entspannungstechniken wie Yoga, Meditation usw. nach, andere finden ihre Ruhe in den Religionen, wieder andere treiben Sport um ihr seelisches und geistiges Gleichgewicht wiederzufinden.

Die Psycho-Neuro-Immunologie hat mit empirischen Untersuchung festgestellt, dass geistige und emotionale Haltungen Transmitter in Form von Cortokoiden und Adrenalin freisetzen, die die Krebszellen, Allergien und Autoimmunkrankheiten beeinflussen. Die Vertreter der Psycho-Neuro-Immunologie haben empirisch festgestellt, dass der regelmäßige Kirchgang bzw. die regelmäßige Ausübung religiöser Praktiken, wie beten in allen Religionen zu einer Verlängerung des Lebens bis zu 23 % führen können.

Ausgangslage

Es gibt über 1000 Therapieverfahren und fünf große psychologische Strömungen, die Psychoanalyse, Verhaltenspsychologie, Humanistische Therapieverfahren, Transpersonale Psychologie und Biopsychologie. Die Biopsychologie verwendeten Medikamente, wie Neuroleptika, Antidepressiva (Stimmungsaufheller) und Tranquelizer (Beruhigungsmittel), die durch die körperliche Einwirkung die Botenstoffe verändern und auf die Gefühlslage einwirken. Die anderen vier Verfahren versuchen die emotionalen Zustände und Abläufe durch das Bewusstsein zu verändern. Zur Zeit werden über 90 % aller psychischen Erkrankungen mittels der Biopsychologie also durch Medikamentenverabreichung behandelt. Die Behandlung durch Medikamente ist aufgrund der Kostengünstigkeit und der Schnelligkeit das Mittel der Wahl. Mittels der Medikamente werden die funktionalen und sozialen erforderlichen Verhaltensweisen wiederhergestellt. Nachhaltig ist das Verfahren nicht! Die Ursachen der psychische Störung werden nicht beseitigt. Es erfolgt keine Heilung. Lediglich die Symptome, die zu einer sozial auffälligen oder geminderten Arbeitsfähigkeit führen, stellen sich nicht mehr ein. Der Mensch kann seiner Arbeit nachgehen und ist mehr oder weniger sozial unauffällig.

Die Bewusstseins orientierten psychotherapeutischen Verfahren sind kostenintensiv, häufig langwierig und lösen das Problem in vielen Fällen nicht.

Die im Vorwort angesprochene mangelnde gefühlsorientierte Sprache der professionellen Psychologen, Psychiater usw. möchte ich hinsichtlich ihrer psycholdiagnostischen Aussagen verdeutlichen. Es wird nicht definiert mit den Worten der Patient ist traurig, geplagt von Schmerzen, wütend, hasserfüllt, emotional verletzt usw. Somit kann auch nicht nach den Ursachen der gefühlsmäßigen Zustände geforscht werden.

Die psychodiagnostischen Bezeichnungen lauten: Schizoid, schizophren, depressiv, manisch, ADS, ADHS oder eine, die ich kürzlich hörte, schizoaffektive Hypomanie. Schizoaffektive bedeutet, dass der Mensch wütend oder aggressiv ist und zwar aus einem inneren Zustand heraus. Seine wütende oder aggressive Art wird nicht als angemessen bezüglich der Umweltsituation angesehen. Es ist nicht erkennbar für den Außenstehenden warum der Mensch in dieser Situation wütend oder aggressiv ist. Wut und Aggression sind sozial verpönt und nur in Ausnahmefällen akzeptiert. Betrachten wir die Hypomanie so bedeutet Hypo ins Deutsche übersetzt unter, Manie oder manisch bedeutet, zu schnell, euphorisch, sehr unruhig, zu fröhlich. Auf meine Nachfrage bei dem Psychiater, wie er auf diese Diagnose kommt, erhielt ich die Antwort: Der diagnostizierte Mensch sei sehr sprunghaft in seinen Gedanken, bleibt nicht beim Thema und gibt Antworten die nicht zu den Fragen passen. Der Außenstehende hat den Eindruck, dass die Ausführungen des Menschen unzusammenhängend sind. Die Unruhe und Schnelligkeit bezieht sich nur auf die gedanklichen Prozesse. Äußerlich bzw. gefühlsmäßig ist der Mensch ruhig, nicht euphorisch und nicht zu fröhlich. Das Gegenteil ist der Fall. Der Mensch ist er traurig, ängstlich, die Freude ist ihm verboten. Die Folge davon ist Wut, Aggression und Zorn. Sozial nicht erlaubte Freude, sowie Trauer, Angst und Wut, dieses Gemisch erzeugt die sprunghaften Gedanken. Die Gedanken und ihre Aussagen werden durch dieses Gefühlsgemisch gesteuert und führen ein Eigenleben, das den Menschen daran hindert, die Gedanken zu ordnen und bei einem Thema zu bleiben.

Der therapeutische Prozess kann nur gelingen, wenn in der Diagnose als auch in der Therapie mit Gefühlsbegriffen gearbeitet wird, die dem Klienten und dem Therapeuten bewusst werden, sowie Beziehungen der Gefühle untereinander analysiert und verdeutlicht werden. Für die medikamentöse Behandlung nutzen die Begriffe, schizoaffektiv und Hypomanie. Für den Bewusstwerdungs- und Heilungsprozess haben Sie nur geringe Bedeutung.

Bisher beschäftigten wir uns mit den psychischen Krankheiten, deren Diagnosen und Therapieverfahren.

Wie wird psychische Gesundheit in der Psychologie definiert? Die Analyse der Definition der psychischen Gesundheit verdeutlicht warum einer Sprache der Gefühle die Psychodiagnostik und die Psychotherapie zu einer Verbesserung ihrer therapeutischen Ergebnisse führen kann.

Eine häufig verwendete Definition der psychischen Gesundheit ist, die Kongruenz eines seelisch gesunden Menschen. Kongruenz bedeutet:

Verstehen der Umwelt und sich selbst

Handeln (In Beziehung setzen)

Bedeutung des individuellen Handelns

Anmerkung: Von Gefühlen und Emotionen ist hier nicht die Rede.

Verstehen der Umwelt und sich selbst

Der psychisch gesunde Mensch ist kongruent, wenn er in der Lage ist seine individuelle und soziale Umwelt zu verstehen und sich in Bezug auf diese Umwelt selbst versteht. Versteht ihr diese Umwelt nicht, weil er zum Beispiel, die Sprache nicht versteht oder die geforderten Handlung bzw. Anforderungen, so ist das laut dieses Definitionskriteriums, der erste Schritt zur psychischen Krankheit. Die meisten sozialen Prozesse geschehen durch einen unbewusst ablaufenden Gefühlsprozess.

Auf der Bewusstseinsebene werden sachliche Themen erörtert. Bevor dies geschieht, wird unbewusst eine gemeinsame Gefühlsbasis hergestellt. Dies geschieht in einer sehr komplexen Weise. Äußerliche Merkmale, wie die Kleidung, das Auto, die Wohn- oder Geschäftslage,die Raumausstattung, die Atmosphäre, die von den Räumen ausgeht, die Vorerfahrungen, die Mimik, die Tonlage, die Gestik, die Körperhaltung, die Gesprächsführung und nicht zuletzt, die

ausgestrahlten Gefühle bestimmen gemäß den Erwartungen und Werten, die unbewusst gefühlte Einstellung zu dem anderen. Das bewusste Verstehen hinsichtlich dieser vielfältigen Einflüsse erfordert eine hohe geistige Leistung und Erfahrung. Die meisten Menschen bleiben viele dieser Einflüsse verborgen. Es bilden sich Subsysteme mit gemeinsamen Werten und Symbolen, die sich massiv von anderen Subsystem abgrenzen. In unseren Gesellschaften sind klassische Subsysteme Arbeitgeber und Arbeitnehmer, aber auch Künstler und Intellektuelle, gewerbliche Arbeiter und Angestellte sowie die Medienbeschäftigten, Akademiker und Nichtakademiker. Grüne, Sozialisten und Konservative sowie Liberale.

Die jeweiligen Gruppen sind geprägt von gemeinsamen Werten, Überzeugungen, Einstellungen und besonders durch gemeinsame Gefühle. Konservative sind geprägt von Bewahrung, Angst vor Veränderung und dem fortsetzen des bisher erfolgreichen Weges. Die Sozialisten und Konservativen bilden hier eine Gemeinschaft, wobei die Soziallisten, aus der Not heraus oder der gefüllten Not heraus, die materielle Verbesserung als besonders wichtig anzusehen. Die Grünen wollen eine Veränderung, die sich auf die Umwelt aber nicht auf eine psychologische Verbesserung richtet. Die Liberalen streben die Freiheit an, die sich auf ökonomische, individuelle und soziale Freiheit bezieht, nicht jedoch auf die psychische Freiheit.

Die psychische Freiheit streben die Existenzialisten an. Diese Spezies gab es in den sechziger und siebziger Jahren des 20. Jahrhunderts als kleine Gruppe, die damals einen größeren medialen Einfluss hatte. Die Existenzialisten, nach psychischer Freiheit strebend, kommen heute als gesellschaftliche Kraft aufgrund des systemischen Drucks nicht mehr vor. Die Globalisierung und der Kampf um die besten Plätze lässt eine Entwicklung der Psyche nicht mehr zu. Zur Entwicklung der Psyche und der Bewusstwerdung von Gefühlen und ihren Wirkungen benötigen wir Zeit, viel Zeit! Diese Zeit ist aufgrund des Drucks der Globalisierung und der Ökonomisierung dieser Welt nicht mehr vorhanden. Somit haben wir Abschied genommen von der Entwicklung unserer Psyche und der psychischen Freiheit. Nur wenn die Funktion und die Arbeitsfähigkeit eingeschränkt sind, müssen wir uns Zeit nehmen, wenn wir Medikamente nehmen weniger, um unsere Psyche gerecht zu werden. Unsere Psyche verstehen wir immer weniger!

Handeln (In Beziehung setzen)

Versteht der Mensch die Umwelt nicht, so ist es ihm nicht möglich eine sozial akzeptierte Handlung oder Beziehung durchzuführen. Verstehe ich die Gefühle meines Gegenübers nicht oder meine eigenen Gefühle, so kann ich nur begrenzt oder gar keine Handlungen durchführen bzw. mich nicht in Beziehung setzen zu meiner Umwelt. Traurige Gefühle (Depression), wütende Gefühle (Aggression) oder starke Unruhe (ADS) behindern mich um sozial akzeptierte Handlungen durchzuführen. Gemeinsame unbewusste Gefühlsbasen der Subsysteme lassen die Menschen in dem jeweiligen Regelwerk handlungsfähig bleiben. Das gilt so lange, bis das Regelwerk des Subsystems nicht entscheidend verletzt wird.

Bedeutung des individuellen Handelns

Verstehen der Umwelt und sich selbst und sich mit dieser Umwelt in Beziehungen setzen bzw. Handlungen vollziehen zu können kennzeichnet die Notwendigkeit um psychisch gesund zu sein, ist aber nicht hinreichend. Notwendig und hinreichend diese Begriffe kennen wir aus der Mathematik. Bedeutung finden wir in den Subsystemen und ihren Regelwerken. Anerkennung, nicht obdachlos werden, eine gute Position, eine Familie zu ernähren, uns fortzupflanzen, an einen

Gott zu glauben, in einer Religionsgemeinschaft aufgehoben zu sein, Arbeit zu haben, eine Familie zu haben, das gibt uns alles Bedeutung hinsichtlich unserer Handlungen. Die Logotherapie aber auch die Existenzialtherapie bieten hier Hilfestellungen.

Wer also seine Umwelt nicht versteht oder keine Handlung in der Umwelt vornehmen kann die zusätzlich für ihn von Bedeutung sind, ist psychisch nicht gesund. Wer sich selbst und seine Umwelt versteht, in seiner Umwelt handeln kann und diesem Handeln Bedeutung zumisst, ist psychisch gesund.

Die Definition der Kongruenz bezüglich des Verstehens, Handelns und seiner Bedeutung ist sicherlich eine kluge Definition. Der Hintergrund dieser Definition ist ein in einem sozialen Regelwerk funktionierender, arbeitender und hinsichtlich des Regelwerks des Subsystems angepasster Mensch. Aussagen über die Gefühle oder die Emotionen sind hier gut wie nicht enthalten.

Eine Arbeitsdefinition, die die Sprache der Gefühle nutzt wäre:

Ein psychisch gesunder Mensch kann alle reinen Gefühle bei sich selbst und anderen erkennen und ausdrücken.

Positive - negative

Liebe - Hass

Freude - Trauer

Mut - Angst

Wohl sein,
schmerzlos? - Schmerz   ? Gibt es andere Begriffe?

Gelassenheit? - Wut   -   ? Gibt es andere Begriffe?

Lust ? - Leid ?

0. Die Entwicklung der Götterwelten zum Geist und zur Seele

Betrachten wir die Götterwelt der Germanen, so sind die obersten Götter Repräsentanten von Naturgewalten zum Beispiel Donar als Gott des Gewitters, des Blitzes und des Donners. Unser heutiges deutsches Wort Donner ist von Donar abgeleitet. In einer gewissen Weise sind die Götter in fast allen Religionssystem hierarchisch angeordnet zu mindestens was den obersten Gott angeht. Bei den Germanen ist es entweder Wotan oder Odin (Gott des Odem, des Atems oder Hauchs) Donar übergeordnet ist.

Der oberste Gott der Griechen ist Zeus, hervorgegangen aus dem Chaos (der Ruhe) und Tantalos (der Unruhe), die seine Eltern Rhea und Kronos schufen. Ein Repräsentant der Naturgewalten ist Poseidon, der Gott des Meeres. Eine der höchsten Göttinnen ist Athene, sie repräsentiert einen moralischen Wert, die Gerechtigkeit mit dem Symbol der Wage. Besonders bevorzugte körperliche Eigenschaften, wie die der Schönheit wurden durch Aphrodite (weibliche Schönheit) und Apoll (männliche Schönheit) symbolisiert. Götter für die menschlichen Triebe sind Eros(Gott der körperlichen Liebe, des Lebens) und Thanatos (Gott des Todes). Diese benutzte der Begründer der Psychologie, Freud bezüglich seiner Triebtheorie. Freud unterschied zwei Triebe, den Lebenstrieb, den er auch als Eros bezeichnete und den Todestrieb, den er als Thanatos bezeichnete.

Der Lebens- bzw. Liebestrieb(Eros) und der Todestrieb (Thanatos) führen zu der Troika der indischen Götterwelt, Vischnu, Shiva und Brahman. Vischnu (Eros) wird als Schöpfer des Lebens aufgefasst, der Gott, der das Leben entstehen lässt und Shiva (Thanatos) ist der Zerstörer, der Gott der das Leben vergehen lässt. Über Vischnu und Shiva steht Brahman, der den Geist repräsentiert. Es gibt in der indischen Götterwelt, den Gott Krischna, der Sohn bzw. die Inkarnation Vischnus. Krischna lehrt Ajuna in der Bhagavadgita die richtigen Handlungsweisen.

Die indische göttliche Troika und Krischna geleiten uns zu der göttlichen Dreifaltigkeit des Christentums. Gottvater als Schöpfer, der Heilige Geist und Jesus Christus. Christus im griechischen Christo (Chrischto ausgesprochen) ist als Wort und der Intonation sicherlich verwandt mit dem Wort Krischna und seiner Aussprache. Christus ist der fleischgewordene Sohn, die Inkarnation des Schöpfers, Gottvaters. Die Geschichte des Christentums ähnelt frappierend, der indischen. Christus der fleischgewordene Gottvater symbolisiert den Körper des Menschen. Der Heilige Geist repräsentiert den Geist bzw. das Bewusstsein des Menschen. Was symbolisiert Gottvater? Einige Jesuiten sind der Meinung, unter Gottvater ist die Seele des Menschen zu verstehen. Unter Zuhilfenahme der Logik könnte man zu dem Schluss kommen, dass der Mensch aus drei wesentlichen Teilen besteht, dem Körper, dem Geist (Bewusstsein) und der Seele. Anzumerken sei, dass der Geist häufig das Bewusstsein und die Seele (Emotionen, Gefühle) umfasst. Hier wird im weiteren davon ausgegangen, dass der Geist das Bewusstsein ist und die Gedanken umfasst. Die seelischen Prozesse gekennzeichnet durch Gefühle sind davon getrennt. In der Vernunft nach Cusano können sich Gedanken und Gefühle zu einer geistigen Seele im Menschen zusammenfinden.

Vergleicht man das indische und das christliche Göttersystem, so werden zwei interessante Fragen aufgeworfen.

Welcher Zusammenhang könnte zwischen indischen und christlichen Göttern bestehen?

Gibt es Unterschiede in der Hierarchie der indischen und christlichen Götter?

Zu der Frage des Zusammenhangs: Vischnu als Schöpfer des Lebens könnte man mit Gottvater. gleichsetzen und Brahman als geistiger Gott der Inder mit dem Heiligen Geist. Der Zerstörer Shiva, der neutral das Vergehen des Lebens symbolisiert findet sich in der christlichen Welt als böser Teufel und als Gegenspieler Gottvaters (siehe dazu Zarathustra) wieder. Jesus Christus (Krischna) als Symbol für den Körper, der fleischgewordene Gottvater ist in der Dreifaltigkeit zum Gott erhoben. Die drei Götter des des Christentums symbolisieren die drei Teile des Menschen.

Gottvater, die Seele - Vischnu

Der Heilige Geist(das Bewusstsein), die Gedanken – Brahman

Jesus Christus den Körper - Krischna

Der Teufel als Gegenspieler Gottvaters ist negativiert – Shiva (neutral)

Zur zweiten Frage der Hierarchie der Götter.

Brahman, der heilige Geist (die geheiligten Gedanken) ist in der Trilogie der indischen Götterwelt der höchste Gott. In der christlichen Dreifaltigkeitstrilogie ist Gott Vater, Repräsentant der Seele, Gefühle, Emotionen bzw. Psyche, der höchste Gott.

Bevor der Zusammenhang bzw. die gegenseitige Beeinflussung von Gedanken (Geist) und Gefühlen (Emotionen) erläutert wird, seien kurz die Götter zwei anderer Religionen erwähnt.

Höchste Gott der Götterwelt der Römer war Jupiter, Gott der Sonne. Ein weiterer hoher Gott, Mars als Gott des Krieges spielte bei den Römern eine bedeutende Rolle. Um 500 vor Christi für die Verteidigung des bedrängten Roms, die von Norden von den Etruskern und von Süden von den Griechen in ihrer Existenz bedroht wurden. Im weiteren zum Aufbau einer imperialen Macht. Nach fast 1000 Jahren verlor Mars, der Kriegsgott seinen Einfluss und wurde durch das Christentum abgelöst.

Der Buddhismus kennt keinen Gott nur den Propheten Buddha. Dennoch gibt es ein göttliches Ziel, die Erkenntnis und das Erreichen der heiteren Gelassenheit.

Welche Bedeutung dem islamischen Allah zuzumessen ist, ist mir nicht bekannt. Vielleicht hat er die Bedeutung der Vereinigung von Geist (Gedanken) und Seele (Gefühlen).

Die Gefühle in der Form von Intuition und Instinkt steuern das organische Leben bzw. das kollektive Verhalten der Gattungen. Expansion und Kontraktion der Gattungen sowie ihr Zusammenleben. Insbesondere wird das Verhältnis der Tiere inklusive Menschen untereinander durch Flucht und Aggression bestimmt. Ausdehnung, Rückgang sowie das Aussterben von Gattungen ist Umwelt abhängig. Pflanzen und Tiere inklusive Menschen bilden das organische System, das durch die Gefühle gesteuert wird und vom Geist, den naturwissenschaftlichen Gesetzen der Umwelt bestimmt wird. Die anorganische und organische Welt wird durch die naturwissenschaftlichen Gesetze des Geistes bestimmt. Die Gefühle sind den meisten heutigen Menschen nur zum Teil bekannt (unbewusst) somit auch ihre Ordnung und ihre Funktionen. Damit sind die psychischen Vorgänge einer naturwissenschaftlichen Betrachtung entzogen. Alles was dem menschlichen Bewusstsein nicht zugängig ist, wird von den Menschen, so zeigen die vergangenen Götter, als unerklärlich und damit göttlich angesehen. Wie die psychischen Vorgänge, so sind die Vorgänge des Bewusstseins (Geist) dem heutigen Menschen größtenteils verschlossen. Durch die naturwissenschaftlichen Gesetze ist im Sinne von Heidegger eine Lichtung zu schlagen, die aber nur einen kleinen Einblick in die Funktionsweise des Geistes und der Psyche gibt.

Der Geist regelt die Struktur und Zusammenhänge des Organischen und Anorganischen. Zusätzlich, dem Geist untergeordnet wird das Leben, das Organische durch psychische, emotionale bzw. gefühlsmäßige (seelische) Prozesse geregelt.

Aus den Ausführungen ergeben sich im Sinne Heideggers, „eine Lichtung in das Bewusstsein zu schlagen" folgende Aufgaben:

Welche Struktur und Funktionen hat der Geist mit der Untersuchung der Phänomene des Bewusstseins?

Welche Struktur und Funktionen haben die Emotionen, Gefühle bzw. psychischen Prozesse?

Welchen Zusammenhang gibt es zwischen Geist (Gedanken) und Gefühlen.

Ein erster Versuch wird in den Beiträgen, Theorie der Emotion und Theorie der Phänomene bzw. Theorie der kognitiven Psychologie vorgenommen. Die folgenden Beiträge sind Bestandteile des Werks Theorie der Psychologie.

1. Richtung und Ausprägung der emotionalen Bewegung

Es gibt zwei bipolare Bewegungsrichtung der Emotionen. Umgangssprachlich unterscheiden wir:

Positive schlechte, böse-negative oder gute, gutartige

In diesen beiden bipolaren Bewegungsrichtungen gibt es zwölf Ausprägung reiner Gefühle. Man könnte sie auch als Kategorien der Emotion oder Gefühle benennen.

Positive   -   negative

Liebe   -   Hass

Freude   -   Trauer

Mut   -   Angst

Wohl sein,
schmerzlos? - Schmerz   ? Gibt es andere Begriffe?

Gelassenheit? - Wut   -   ? Gibt es andere Begriffe?

Lust ?   -   Leid ?

Die „?" oben bedeuten: Ich stelle mir die Frage, ist Lust ein reines Gefühl und wenn ja welches Gefühl steht demgegenüber? Unlust? Denken Sie darüber nach. Wir können im Gespräch bleiben. Ich bin der Überzeugung Lust und Leid. Es stellt sich die Frage :" Sind Lust und Leid reine Gefühle?"

Weiterhin gibt es zwei Zustände der Emotion.

Ruhe - Unruhe (Bewegung)

Im Lateinischen bezeichnen wir Ruhe als concilliare. Unruhe oder Bewegung wird als movere bezeichnet. Die Emotion ist somit das Herausbewegte, das aus der Ruhe Herausbewegte, E(Ex) bedeutet heraus, movere bedeutet das Bewegte. Im Englischen to move.

Nun hat diese Emotion vorerst zwei Eigenschaften. Zum einen die Stärke der Bewegung, zum andern die Färbung der Bewegung. Ist die Bewegung sehr stark so ist auch das jeweilig ausgeprägte Gefühl sehr stark. Also der Mensch empfindet starke Liebe, starke Trauer starker Angst oder andererseits ist die Bewegung nicht so stark geringe Liebe, geringe Trauer, geringe Wut. Die Färbung der Bewegung bedeutet, die Art des Ausdruck gemäß der zwölf bipolaren, reinen Gefühle, der Ausdruck von Hass, Liebe, Trauer usw..

Den meisten Menschen ist es nicht möglich reine Emotionen zu extrahieren also sich darüber bewusst zu werden. Die meisten Menschen nehmen die Gedanken, sprachliche Inhalte, die auf den Gefühlen sitzen, wahr. Die dahinterliegenden Gefühle jedoch nur in reduzierter Form. Die Gefühle können weiterhin körperliche Reaktionen auslösen. Häufig bemerkt man sie am anderen, dem

Gegenüber, jedoch weniger an sich selbst.

Gefühle, die man selbst bemerken kann. Z.b. Angst löst ein flaues Gefühl im Magen aus, manche Leute werden bleich vor Angst, der Angstschweiß auf der Haut oder die Zunahme der Herztätigkeit.

Wut kann durch folgende körperliche Reaktionen begleitet sein: Ein roter Kopf, starkes Gestikulieren, laute Sprache, stechende Augen, verzerrte Mimik, usw.

Die meisten Menschen nehmen eher gedankliche, sprachliche und körperliche Ausdrücke bei anderen oder sich selbst war. Auch ihre Reaktionen erfolgen insbesondere sprachlich oder körperlich. Selten wird Trauer, Angst oder Wut direkt wahrgenommen, noch seltener reagieren die Menschen mittels bewusster Emotionen.

Exkurs: Ausführungen des Tao zum Ruhezustand des Gemüts

Vorab zur Abgrenzung von Gefühl und Gemüt. Gemüt ist eine nicht eindeutige Kollektivbezeichnung menschlicher Qualitäten, wie Charakter, Erleben, Gefühl und somit eine seelisch geistige Einheit mit Bindung und Beziehung zur Umwelt. (Vergleiche Meyers Großes Taschenlexikon, 1981. Gemüt umfasst also, den gefühlsmäßig geprägten Charakter, die Gedanken, die Wahrnehmung und den gegenwärtigen Gefühlszustand).

Gemütszustände und - typen

Gemüt ist abgeleitet von Mut. Gemütlichkeit bedeutet Behaglichkeit. Platon unterteilt im Phaidros die Seele in Gemüt (thymos) und Trieb.

Adjektive für das Gemüt sind: Sonnig, schlicht, sensibel, heiter, kindlich, sanft, empfindsam. (Duden, computergeneriert), erregte Gemüter, aufs Gemüt schlagen – jemanden deprimieren, Duden im Internet) Hinzuzufügen sind: Reizbares, phlegmatisches, ruhiges und energisch, stabiles Gemüt, (vgl. Clausewitz unten), sehr regsam (beweglich), wenig regsam (unbeweglich)

Clausewitz: Das starke Gemüt kommt nicht aus dem Gleichgewicht.

4 Gemütstypen nach Clausewitz (vgl. Wikipedia):

Wenig regsam: Phlegmatisch

Sehr regsam: Menschen deren Gefühle nie eine gewisse Stärke übersteigen – Gefühlvolle, ruhige Menschen)

Sehr reizbar: Gefühle entzünden sich schnell und heftig wie Pulver, sind nicht dauerhaft

Die Gefühle kommen nur langsam in Bewegung, können große Gewalt annehmen und sind andauernd: Diese Menschen sind energisch mit tief versteckt liegenden Leidenschaften (Gefühlsmäßig geprägter Charakterstruktur).

Die taoistische Auffassung und der Bezug zum Nichts, Heideggers und Sartres

Zur umfassenden Verdeutlichung ist es notwendig einen größeren Abschnitt aus: Der Lauf des Wassers, Allen Watts, 1983, Seite 169-171, zu zitieren:

„Lass das Ohr hören, was es hören will, das Auge sehen, was es sehen will, den Mund sprechen, was er sprechen will, gibt dem Körper alles, was er zu seiner Bequemlichkeit begehrt, lass dem Geist freien Lauf. Jetzt will das Ohr Musik hören, und wenn sie ihm versagt wird, verkrampft sich der Gehörsinn. Das Auge will fleischliche Schönheit sehen, und wird sie ihm versagt, so verkrampft sich der Gesichtssinn. Die Nase begehrt die Nähe der duftenden Pflanzen. Wenn sie sie nicht bekommt, verkrampft sich der Geruchssinn. Der Mund begehrt von dem zu reden, was war und was falsch ist, und wenn er nicht reden darf, verkrampft sich das Wissen. Der Körper begehrt für sein Wohlbefinden Wärme und gute Speisen. Hinderst du sein Verlangen danach, so verkrampft du das, was die Menschen natürlich und wesentlich ist. Der Geist begehrt die Freiheit, nach Belieben umher zu schweifen und hat er diese Freiheit nicht, so wird der Mensch in seinem Wesen selbst verkrampft und behindert. Tyrannen und Zwingherren verkrampften uns auf solche Art und Weise. Setzen wir sie ab und erwarten wir gleichmütig den Tod." (Vergleiche: Lieh-tzu 7.5, tr. Waley, Seite 41-42).

„ Du versuchst dich selbst zu einen, also hörst du nicht mit deinen Ohren, sondern mit deinem Herzen (Gemüt); du hörst nicht mit deinem Gemüt, sondern mit deinem Geist. Lass das Hören mit den Ohren aufhören, und das Gemüt höre mit dem Denken oder den Symbolen auf. Dann wird der Geist eine alles umfassende Leere sein, und nur das Tau umfasst die Leere. Diese Leere ist das Fasten des Herzens (Gemüts)." (Vgl. Chuang-tzu 4, tr. Auct.)

Heidegger und Sartre bezeichnen diese Leere als das Nichts oder das nichtende Sein. Es gibt also das Sein, nicht mehr. Das gesamte Sein, Gemüt inklusive Gefühl und Gedanken befindet sich in der Ruhe.

„Die Sinne, Gefühle und Gedanken müssen sich spontan äußern dürfen, im Vertrauen darauf, dass sie sich dann harmonisch ordnen werden. Der Versuch, das Gemüt mit Gewalt zu kontrollieren, ist so, als wollte man Wellen mit einem Brett glätten, und kann nur noch mehr Aufruhr zur Folge haben. Wie manche unserer Psychotherapeuten sagen: „Lasst euer Gemüt in Ruhe", und das meint Chuang-tzu sicherlich mit seinem Fasten des Gemüts. Das heißt, dass „sich selbst einen" den Versuch bedeutet, den eigenen Organismus einem autokratischen Regiment zu unterwerfen. Das ist eine deutliche Parallele zur Psychologie des indischen Yoga, wo es zum Beispiel in der Gita heißt" (Allan Watts, Der Lauf des Wassers, 1983, S. 171):

„Der mit dem göttlichen vereinte und die Wahrheit wissende Mensch: „Ich tue gar nichts", denn wenn er sieht, hört, fühlt, riecht, schmeckt, geht, schläft, atmet, weiß er wohl, dass nur die Sinne mit den Sinnesobjekten beschäftigt sind."(vergleiche Bhagavadgita 5.8-9, tr.Radhakrischnan, Seite 203).

Der Ruhezustand des Gemüts geht über den Ruhezustand des Gefühls hinaus. Die Funktion des Gefühls, des intuitiven Wahrnehmens also der emphatischen Erkenntnis ist nur bei der absoluten Ruhe des Menschen möglich. Absolute Ruhe oder absolutes Nichtsein im Sinne Heideggers und Sartres ist nur möglich, wenn neben der Gefühlsruhe, die fünf Wahrnehmungskanäle und die Gedanken ausgeschaltet sind. Nur der sechste Wahrnehmungskanal, dass Fühlen ist eingeschaltet. Ein frei umher schwingendes Gefühl und ein frei umher schwebender Geist (Gedanken) erkunden das Innere und Äußere des Menschen. In diesem Zusammenhang stellt sich auch die gelassene Heiterkeit des Buddhismus, mit dem kaum merklichen Lächeln des Buddha, ein. Über diesen Weg ist ebenso das Geheimnis des Heiligen Gral zu erreichen," Die Freude des Körpers und die Ruhe der Seele." Im Parzival von Wolfram von Eschenbach zu finden, der diese Weisheit bei Epikur gelesen hatte.

Den meisten heutigen Menschen bleibt dieser Zustand verborgen. Von Kindesbeinen an, über den Kindergarten, die Schule und die berufliche Tätigkeit werden sie hinsichtlich der Existenzsicherung angetrieben. Der Treibstoff der Menschen in den Gesellschaften ist notwendigerweise die Aktivität.

Ruhe und Passivität nehmen einen kleinen Teil seiner Existenz ein und dienen nur seiner Kräftigung zur weiteren Aktivität. Das System ist unerbittlich.

2. Theoretische Abgrenzung und das Wesen von Emotionen

Als Psyche oder Seele können wir die Gesamtheit des Lebens oder der Lebensenergie von organischen insbesondere menschlichen Existenzen bezeichnen. Das ist eine übergeordnete Sicht. Individuell prägt sich die Seele aus. Sei es nun, das die Seele uns von außen von etwas übergeordnetem eingegeben wird und möglicherweise dahin wieder zurück entweicht. Sei es, dass die Psyche aus der Molekülkonstruktion des organischen, dem Einzeller dieses Leben, das das organische vom anorganischen unterscheidet, entsteht.

Die Emotionen sind ein Teil der Psyche oder Seele und sind als diesseitiger Teil und Äußerung der Seele aufzufassen. In der deutschen Sprache werden diese Emotionen auch Gefühle genannt. In der deutschen Definition werden Gefühle als langfristig und Emotionen als kurzfristig angesehen. Dieser Auffassung folgt der Autor nicht!

Gefühle ist die deutsche Übersetzung für das lateinische Wort Emotion und für das griechische Wort Psyche. Die langfristige Manifestation der Gefühle findet im Charakter oder in der gedanklichen Verbindung durch die Werte statt. Die kurzfristige Manifestation der Gefühle findet in den gegenwärtigen Gefühlen statt. Der Charakter wird langfristig durch sich wiederholende Gefühle geprägt. Werte sind eine Form von Gedanken!!

Gefühle und Werte(Gedanken) verbinden sich und beeinflussen sich gegenseitig. Z.b. ein ängstlicher wird eher eine Versicherung abschließen als ein mutiger Mensch. Der Hase schließt eher eine Versicherung ab als der Löwe.

In der reinen Form ist es den Emotionen möglich zu schwingen. Sie schwingen zum Beispiel zwischen Hass und Liebe oder zwischen Freude und Trauer hin und her. Außerdem können Sie gewechselt werden, d.h. Schmerz, Liebe, Wut, Trauer usw. können in gewissen Zeitpunkten die Überhand oder Beherrschung des Körpers und des Geistes übernehmen und somit des gesamten Menschen.

Die Schwingungsfähigkeit und der Wechsel von Emotionen legt die Vermutung nahe, dass das Wesen der Quelle der Emotionen energetischer Natur ist (der Mensch spricht auch von Lebensenergie) und neben vielen anderen Eigenschaften, oszillierend sein kann.

Ähnlich wie ein elektrisches, magnetisches oder gravitatives Feld, kann ein Emotions- oder Gefühlsfeld existieren.

Die meisten Menschen haben auf die Emotionen wenig Einfluss und werden häufig von ihnen beherrscht. Gute Rhetoriker und Priester sind in der Lage, andere Menschen mittels Sprache, Stimme, Melodie und der gefühlsmäßigen Färbung der Aussage, zu beeinflussen.

3. Elemente der griechischen und römischen Rhetorik zur Beeinflussung der Emotionen

Die drei Elemente der griechischen Rhetorik sind:

Ethos (Ziel der Rede)

Pathos (Leidenschaft durch Wahl der Gefühlslage: Freudig, traurig, hasserfüllt;die Lautstärke und Schnelligkeit der Sprache beeinflusst die Stärke der Bewegtheit oder Erregung.

Pragma (Der Inhalt, dessen Struktur, die Argumentation usw)

Die drei Elemente der römischen Rhetorik sind:

Movere: Bewegen der Massen und Soldaten, um sie für die imperiale Macht Roms einzusetzen

Concilliare: Beruhigen der Massen und Soldaten,damit sie Kraft und Energie für den Kampf sammeln

Docere: Die Kunst des Dozierens, der Inhalt, dessen Struktur, die Argumentation usw)

Der Unterschied der römischen zur griechischen Rhetorik besteht im Wesentlichen darin, dass die griechische emotional differenzierter ist. Näheres später. Ebenso zur heutigen Rhetorik, deren visuelle Komponente von entscheidender Bedeutung ist. (Siehe u.a. Sammy Molcho)

Weitere gute Einflussmöglichkeiten der Emotionen sind über das Licht und die Temperatur gegeben.

4. Funktionen der Emotion

Neben dem oszillierenden und Energiefeld Charakter, können die Emotionen folgende Funktionen haben:

Vermittlung zwischen Körper und Gedanken (Bewusstsein)

Vermittlung von Gefühlen innerhalb von Kollektiven bzw. Gruppen (gemeinsames trauern oder gemeinsame Freude)

Steuerung und Auswahl von Wahrnehmungskanälen wie Auge, Ohr, usw. (Erkenntnisauswahl, Reizauswahl)

Steuerung und Auswahl der Gedanken (Bewusstsein)

Steuerung der Handlung wie intuitiv, instinktiv und intellektuell bezüglich des Vorbewussten

Zusammengefasst kann man sagen, dass Emotionen lenkenden, vermittelnden, schwingenden oder pulsierenden Charakter haben können.

5. Sechs Wahrnehmungskanäle

Die Wahrnehmungskanäle der Menschen sind:

Auge (sehen)

Ohr (hören)

Haut (Tast Sinn, empfinden)

Zunge (schmecken)

Nase (riechen)

Gefühle (sechster Sinn)? Wellen? (Feldausprägungen ?)

Gefühlsausdrücke in Form von gemeinsamen und individuellem Verhalten sind:

Lachen

Trauern

Schmerzempfinden

Ängstigen

Gut drauf sein

Hassen

Lieben

Freuen

Diese Gefühlsausprägung kommen individuell und kollektiv vor. Aus diesem Grunde ist ein Übertragungsmechanismus bei der kollektiven Ausprägung notwendig.

Die Formen der Wahrnehmung in den Wahrnehmungskanälen

Die Wahrnehmung kann:

 unbewusst-bewusst

Gerichtet-ungerichtet sein

Heideggers Lichtung des Bewusstseins und Aurobindos Supramentales

Heideggers Lichtung bedeutet: Aus dem Meer der Gedanken und Wahrnehmungen, die relevanten Wahrnehmungen und Gedanken herausfiltern. Heidegger spricht als Analogie vom Wald in der der Mensch eine Lichtung schlagen müsste. Gemeint ist, meine ich, der Wald der Gedanken und vor allem der Wahrnehmungen.

Aurobindo spricht beim Supramentalen, vom intuitiv geleiteten, im Gegensatz zum physisch geleiteten Bewusstsein. Mit dem physischen Bewusstsein meint Aurobindo das intellektuelle logische Bewusstsein

6. Arten von Bewusstseinsprozessen

Intellektuelle gesteuerte, logische Prozesse, Aurobindo (physische Prozesse)

Intuitive vom Gefühl, den Emotionen geleitete Prozesse, so genannte kreative Prozesse

Instinktive, insbesondere bei Tieren vorhandene Prozesse, die sogenannte Reaktionsprozesse der Verhaltenspsychologie bzw. des Behaviorismus, Pawlows, Skinnesr und Folgender. Besonders gut ist das instinktiven Verhalten bei Flucht-und Aggressionshandlungen zu beobachten. Z.b. das Verhalten der Tiere bei Erdbeben und Tsunamis.

Der Zusammenhang von Bewusstseinsprozessen und Handlungen

Intellekt, Intuition und Instinkte können Handlungen auslösen. Handelt der Mensch logisch, intellektuell; intuitiv, kriegsauslösend oder instinktiv? Insbesondere in Gefahrensituationen handelt der Mensch instinktiv. Die Tiere nutzen diese Art des handlungsauslösenden Bewusstseins vielfältig, insbesondere bei Flucht und Aggressionsverhalten. Sexuelles instinktives Verhalten bei Mensch und Tier zu untersuchen, wäre sicher eine spannende Fragestellung.

7. Zusammenhang der Wahrnehmungskanäle und der Bewusstseinsarten

Erfolgreiche Anwendung der Bewusstseinsarten

Der Intellekt mit der Anwendung der Logik sowie die Entwicklung der Intellektualität versperrte der Intuition, der gefühlsmäßigen Entscheidung den Weg. Die geringe Nutzung und Erkenntnis der Intuition erzeugt bei den meisten Menschen im allgemeinen schlechte Ergebnisse.

Ein äußeres Ereignis, wie das Gewinnen oder Verlieren zum Beispiel auf dem Fußballplatz beeinflussen ebenso die Freude und die Trauer oder ihnen nahestehende Gefühlszustände der Zuschauer.

Anwendungsbeispiele

Offensichtlich und offenbar ist jedem intuitiven Menschen, dass die zu große Anzahl einer Gattung die Lebensgrundlagen zerstört. Lemminge, das Aussterben der Menschen auf den Osterinseln usw.. Die Vermehrung der Gattung Mensch auf diesem Planeten zerstört seine Lebensgrundlagen. In den letzten 60 Jahren ist die Menschheit von 2 Milliarden auf 7 Milliarden angewachsen Beispiele: China, Umwelt und Sozialprobleme, Dritte-Welt. Das sind nur einige wenige herausragende Beispiele.

Redaktionsbeispiele auf diese enorme Gattungsvermehrung die sich aus dem logisch, intellektuellem ergeben sind:

Umweltschutz

Nachhaltigkeit

Hilfsprogramme

Entwicklungsprogramme

Bildung

Demokratisierung

Sozialprogramme

Aufbau von Grenzkontrollen

Aufbau von Sicherheitsindustrie (Wehrtechnik, Terrorismusbekämpfung usw).

Aufbau von Technologien mittels der man weitere Milliarden Menschen versorgen kann

Gentechnik

Accra Technik

Medizintechnik

Produktionstechnik

Warum gehen die Verantwortlichen, die Institutionen, die Pressur Groups und die NGOs nicht an die Wurzel des intuitiv, offenbaren Problems der Gattungsvermehrung der Menschen.

Folgende Ursachen werden beim ersten, logisch Augenschein erkennbar:

Technikorientiertheit

Physische Ausrichtung des Bewusstseins

Systemstabilisation (marktwirtschaftliches technologisches Wettbewerbssystem das auf Wachstum aufgebaut ist

Interessenorientierte Institutionen

Im Hintergrund lauern viele gefährliche und stark stabilisierende Gründe, unbewusst und unreflektiert. Die Werte, neben den Überzeugungen und Einstellungen.

Welche vielfältigen Werte versperren den intuitiven, offenbaren Blick auf das Überbevölkerungsproblem und dessen Folgen für die Lebensgrundlagen?

Die Religion, Gott wird es schon richten. Kinder und die Vermehrung der Art sind seit Menschengedenken zum Lebensinhalt und - erhalt sowie Quelle der Freude, das Wichtigste des Menschen.

Wir müssen mehr werden, weil andere Völker auch mehr werden und uns überrennen oder überflügeln. Bedrohung durch China, Indien, Indonesien. Überalterung der Gesellschaft. Keine Rentenzahler, keine Fachkräfte. In Entwicklungsländern aber auch vielen anderen Ländern ohne Kinder gibt es keine Altersversorgung.

Der Stolz der Erwachsene sind seine Kinder. Eine Entwicklungshilfe, die an Bevölkerungsreduktion geknüpft ist, sowie Pressure Groups oder NGOs, die dafür eintreten sind mir nicht bekannt.

8. Stimmung

Stimmung ist die Ausweitung ein oder mehrere Emotionen über den Körper eines Individuums oder eine Gruppe von Individuen. Die Stimmung ist gut! Die Stimmung ist schlecht! Das Instrument oder Organ ist gut gestimmt. Das Instrument oder Organ ist nicht gestimmt (schlecht gestimmt). Die Stimmung auf der Party war gut. Die Stimmung auf der Beerdigung war von Trauer gekennzeichnet. Beim Leichenschmaus war die Stimmung so gut wie nie. Eine Gegenreaktion der Freude gegen die Trauer? Der Gefühlsausdruck bezüglich, wir aber leben noch!? Die Stimmung kann auch konsonant, harmonisch oder dissonant, unharmonisch sein. Je nachdem ob die verschiedenen Seiten eines Instruments sich zu einem gemeinsamen Klang der uns symmetrische erscheint bzw. sich anhört, verbinden oder nicht. Genauso ist es, wenn die verschiedenen Seiten, d.h. die Gefühle der Menschen erklingen. Die hell klingende Stimme eines jungen Mädchens. Die barsche Stimme eines Feldwebels. Die hysterische Stimme einer kreischenden Frau. Die liebevolle Stimme einer Mutter oder auch die strafende. Die warme Stimme eines Freundes oder eines gutmütigen Vaters. Meistens sind diese reinen Klängen nicht zuhören. Warum nicht? Andere Seiten des Menschen, andere Gefühle mischen mit, klingen mit, übernehmen die Führung. Die gegenwärtig zu beobachtenden Gefühlsausdrücke schwimmen auf dem gefühlsmäßig geprägten Charakter, den Gedanken und der gegenwärtigen, gefühlten Situation. Hinzu kommt in der persönlichen Kommunikation das Ziel, die Absicht des Senders und die Erwartung des Empfängers. Geübte Kommunikatoren und Rhetoriker sind in der Lage ihre Stimme und ihren Körperausdruck so zu modellieren, dass das Ziel ihrer Rede und die Erwartung des Empfängers dadurch bestens unterstützt werden. Anzuführen hier wären: Verkäufer, Politiker, Prediger, Schauspieler und andere in der Öffentlichkeit stehende Personen. Hierzu dient zum Beispiel die griechische und römische Rhetorik

9. Einflussgrößen der Stimmung

Die Stimmung wird geprägt von:

Der häufig gefühlsmäßig, stabilen Charakterstruktur

Dem Inhalt der Gedanken der Sender

Der körperlichen Verfassung des Senders

Den gegenwärtigen Gefühlen des Senders

Der gegenwärtigen Situation

Den Zielen und Absichten des Senders

Den kognitiven Erwartung des Empfängers

Den Gefühlen des Empfängers

Der gegenwärtigen körperlichen Verfassung des Empfänger

10. Der Vorgang des emotionalen Wahrnehmens

Wie ist es möglich, dass die meisten Empfänger (das Publikum) die Emotionen des Senders, obwohl das Ganze unbewusst, nicht symbolisiert, abläuft, ziemlich genau entschlüsseln können?

Gehen wir mit der logischen Erkenntnis, die Vielfalt der Einflüsse auf die Stimmung und deren subjektive Interpretation durch, so werden wir, unter Berücksichtigung der knappen Zeit, kaum zu einem Ergebnis kommen. Die Wahrnehmung der gefühlsmäßigen Stimmung und die schnelle Reaktion darauf, ist häufig unbewusst, wird nicht symbolisiert und entzieht sich der logischen Erkenntnis. Trotzdem wird sie von den meisten Menschen korrekt wahrgenommen und in der Regel erfolgt eine adäquate Reaktion. Als Religiöser könnte man das Problem sehr schnell lösen. Das entzieht sich der Erkenntnis, das ist unbewusst, spekulativ, da hat Gott die Hand im Spiel! Die Religiösen haben, noch nicht vor so langer Zeit, behauptet, die Sonne drehe sich um die Erde. Sie wollten nicht sehen, sie wollten ihren alten Symbolen folgen und so wurden die, die das behaupteten als Gotteslästerer bezeichnet. Und die Welt war wieder in Ordnung. Nun gab es Religiöse, die ließen sich doch mit der Zeit vom Gegenteil überzeugen. Der Glaube muss nicht unbedingt durch neue Erkenntnisse erschüttert werden.

Wir können, denke ich feststellen, dass der Vorgang des Erkennens von Gefühlen und die Reaktion darauf, mit der logischen Erkenntnis in der Regel nicht wahrnehmbar ist. Trotzdem klappt das zwischen Menschen wunderbar. Wie geht der Vorgang des Erkennens und der Reaktion vor sich? Wir können zwei Menschen betrachten. Wir können eine Gruppe betrachten. Es treffen sich zwei Menschen oder einer Gruppe von Menschen. Jeder dieser Menschen bringt einen gefühlsmäßigen Zustand mit. Dabei ist es im ersten Moment völlig egal welche Ursachen dieser gefühlsmäßigen Zustand hat. Sie mögen meinen, mit dem Wahrnehmungskanal des Auges erfassen wir unser Gegenüber und schätzen seine Gefühlslage ein. Ich meine, weit gefehlt! Nehmen wir an, der Mensch ist uns völlig unbekannt. Bei uns bekannten Menschen haben wir sicher schon eine Vorerwartung. In der Regel wird völlig unbewusst, nur einer der sechs Wahrnehmungskanäle eingeschaltet und regelt die gefühlsmäßige Situation. Der gefühlsmäßige sechste Sinn.

Die Emotionen steuern und regeln die Gattungen. Einerseits dienen die Gefühle den Lebewesen um deren Wahrnehmungen zu steuern. Andererseits drücken die Emotionen, was uns eher bekannt ist, die Stimmungen von Lebewesen aus. Der Mensch aber auch der Hund ist ängstlich, traurig, freudig oder mutig. Die Gefühlslage von Menschen kann in mehreren Zuständen vorkommen. Zwei zentrale Ausprägungen sind: Der stabile Gefühlszustand, der sich im Charakter manifestiert. Der melancholische, grundsätzlich ängstliche, der mutige oder der gelassene Mensch. Diese emotionale, charakterorientierte Lage ist zeitlich stabil und häufig kaum änderbar. Neben dieser zeitlich stabilen Emotion oder auf dem Hintergrund dieser Emotion zeigen sich in der Stimmung des Menschen gegenwärtige, kurzfristige Gefühle. Die gegenwärtigen und kurzfristigen Gefühle ändern sich aufgrund innerer oder äußerer Ereignisse. Denkt der Mensch an eher freudige Ereignisse, so stellt sich häufig ein freudiges Gefühl ein. Denkt der Mensch an trauriger Ereignisse oder Bedrohungen, so können sich diese Gefühle bei ihm Einstellen. Auf einer Trauerfeier stellen sich in der Regel andere Gefühle ein als auf einer Hochzeit. Ein Trauerkloß oder Melancholiker verbreitet andere Gefühle als ein Komiker oder Harlekin. Die Stimmung ändert sich kurzfristig, temporär und beeinflusst die stabile Gefühlsstruktur des Charakters auf Dauer nur im geringem Maße. Einige Tiere und Tierarten aber auch Menschen vermehren sich nicht mehr, wenn sie erahnen bzw. das Gefühl haben, dass die Umwelt ihren Nachfahren keine günstigen Lebenschancen eröffnen wird. Bei Tieren möglicherweise auch bei Menschen nimmt dann völlig unbewusst die Fruchtbarkeit ab oder es stellt sich das Gefühl ein, die Vermehrung zu vermeiden.

Die Steuerung der Wahrnehmung erfolgt bei den meisten Menschen unbewusst. Einerseits schaltet das Gefühl, den für das Ereignis optimalen Wahrnehmungskanal ein, möglicherweise auch mehrere Wahrnehmungskanäle, dann wird unbewusst oder bewusst ermittelt, welcher Art das Ereignis ist und welche Bedeutung das Ereignis für das Lebewesen hat und bewusst oder unbewusst eine Handlung ausgelöst. Zum Beispiel das Reh hört, dann sieht es eine Bewegung und anschließend wird das sich bewegende Objekt am Geruch als Mensch identifiziert. Der Mensch wird als Bedrohung angesehen. Das Tier flüchtet. Möglicherweise Laute ausstoßen um andere zum Beispiel seine Kitze zu warnen.

Wie oben gezeigt kann die Angst dazu genutzt werden um die Wahrnehmungskanäle zu regeln. Die Augen sowohl die Umgebung nach Bedrohungen ab. Die Ohren können Gefahr signalisieren oder die Nase meldet die Gefahr. Es riecht nach Gefahr, zum Beispiel der Rauch des Feuers oder der Geruch des Raubtiers. Das schmeckt mir nicht! In diesem Fall signalisiert der Mund Gefahr. Der Tastsinn spürt auf der Haut die Gefahr. Es läuft mir eiskalt den Rücken herunter. Der Angstschweiß steht ihm auf der Stirn. Mein Magen grummelt. Das Herz schlägt schneller. Wenn die inneren Organe die Gefahr anzeigen dann ist der sechste Sinn, das Gefühl direkt wirksam.

Die über die sechs Wahrnehmungskanäle erkannten Symbole (Zeichen) können einzeln oder gemeinsam, sich gegenseitig kontrollierend, entweder direkt durch zunehmend gefühlte Angst, eine Handlung in Form von einer Fluchtbewegung, Vermeidung oder eines Angriffs auslösen. Weiterhin können durch die im Bewusstsein ausgelöste Gedanken und Bilder Entscheidungen hinsichtlich der Handlung ausgelöst werden. Die Handlungsauslösung kann instinktiv, intuitiv oder rational erfolgen.

Gefühle können neben der Regelung und Steuerung der Wahrnehmungskanäle und des Bewusstseins sowie der Handlungsauslösung bewusst oder unbewusst zur Verhaltenssteuerung benutzt werden. Durch Emotionen werden unbewusst oder bewusst Gruppenprozesse von lebenden Individuen gesteuert. Freude, Angst, Mut, Trauer, Melancholie, Zwang usw. können sich über Gruppen und große Kollektive ausweiten. Diese gemeinsamen Gruppengefühle können Anlass bedingt sein, durch den Tod eines Mitglieds der Gruppe, durch eine äußere Bedrohung der Gruppe, einen gemeinsamen Sieg usw.. Andererseits können einzelne formale oder informale Führer Angst, Trauer oder Freude in einem Kollektiv erzeugen. Komiker, Kabarettisten, Priester, Führungskräfte in der Armee oder anderen Institutionen (siehe dazu obenstehende griechische und römische Rhetorik) oder im negativen Sinne Hitler oder Goebbels (siehe dazu: Massenpsychologie von Le Bon).

Einen großen Einfluss auf die stabilen, charakterlich geprägt Gefühle als auch auf die gegenwärtigen Emotionen haben häufig Systeme bzw. die Umwelt. Die nordisch, emotional unterkühlten Menschen oder die heißblütigen Südländer aus den warmen Gefilden. Die Menschen im kriegerischen Syrien haben sicherlich andere Gefühle als die Menschen im eher friedlichen Europa. Die angespannten, leistungsorientierten Bürger des Westens, Japans, Koreas, Singapurs und Chinas haben langfristige und kurzfristige Gefühle, die durch Zwang, Überforderung und Versagensangst gekennzeichnet sind. Während viele Afrikaner, Balinesen, Thais und Süd- und Mittelamerikaner auch Franzosen, Spanier und Italiener sowie Griechen von einer gewissen lockeren Gefühlslage mit weniger Zwang, Versagensängsten und weniger Anspannung hinsichtlich ihrer langfristigen als auch kurzfristigen Stimmungslage gekennzeichnet sind.

Die melancholischen, depressiven zunehmenden Zustände aber auch die durch permanenten Antrieb gekennzeichneten ADS und ADHS Kranken, die so genannten Zappelphilips aber auch die aus dem Zwang entstehenden schizophrenen und schizoiden sind das Ergebnis des Systems der Leistungs orientierten Staaten. Die Gefühlslagen der Kinder werden in frühem Alter bereits charakterlich so geprägt, dass die Vielfältigkeit des Gefühlslebens nicht mehr möglich ist.

11. Multipolarität und die Grundfunktionen Handlungs- und Wahrnehmungssteuerung des Gefühls

Die 12 multipolaren und bipolaren reinen Gefühle

Positive - negative

Liebe - Hass

Freude - Trauer

Mut - Angst

Wohl sein,
schmerzlos? - Schmerz   ? Gibt es andere Begriffe?

Gelassenheit? - Wut   -   ? Gibt es andere Begriffe?

Lust ? - Leid ?

Die Gefühle, die in die Bewegung treten sind einerseits, wie oben beschrieben bipolar ,(d.h. sie haben negativen oder positiven Charakter) und andererseits sind sie multipolar, d.h. es können einzelne Ausprägungen, wie, die der Angst, der Liebe, des Mut usw. auftreten. Die Gefühle kommen aus dem Ruhezustand in einen Unruhezustand bzw. in einen bewegten Zustand. Damit werden die Emotionen äußerlich wirksam und können sich sprachlich, körperlich und energetisch äußern. Diese Gefühlsäußerung können individuell und kollektiv geschehen. Die Gefühle steuern neben dem Bewusstsein die menschlichen Handlungen. Es bestehen Interdependenzen zwischen den Gefühlen und den Gedanken des Bewusstseins. Einerseits steuern die Gedanken die Gefühle andererseits steuern häufig unbewusst die Gefühle. die Gedanken. In Kollektiven steuern häufig einzelne Individuen mittels Gedanken und Gefühlen die Gruppe. Ist das Gefühl aktiv also in Bewegung, so hat es eine steuernde, gestaltende Funktion.

Neben der steuernden gibt es eine explorative Funktion des Gefühls, die umgangssprachlich Intuition genannt wird. Hinsichtlich der Umwelt und den darauf bezogenen Handlungen kann das Gefühl als Wahrnehmungs- oder emphatisches Erkenntnisorgan genutzt werden.

These: Die Wahrnehmungs- oder Erkenntnisfunktion des Gefühls ist nur dann störungsfrei und effektiv nutzbar, wenn der Erregungszustand minimal oder nahe Null ist also sich das Gefühl im Ruhezustand befindet.

Der erregte oder bewegte Zustand erzeugt Polarität. Polarität und ihre Stärke überlagern die Intuition und führen zu falschen Schlüssen. Zum Beispiel wird ein ängstlicher Mensch zu einer anderen intuitiven Entscheidung kommen als eine mutige oder traurige Person.

12. Die gefühlsmäßig geprägte Charakterstruktur und ihr Einfluss auf das Bewusstsein

Der Charakter eines Menschen wird durch Emotionen geprägt. Siehe dazu Otto Rank, Wilhelm Reich und Alexander Lowen (Bioenergetik). Die vorgenannten Psychoanalytiker und Psychotherapeuten beschreiben die Repräsentation der Gefühle im Körper.

Die Persönlichkeit wird durch Gefühle geprägt. Persona aus dem lateinischen übersetzt, bedeutet Maske. Der Mensch entwickelt aus den erfahrenen Gefühlen und Geschehnissen eine Maske, die sich gefühlsmäßig, gedanklich und körperlich, in Form einer Charakterstruktur niederschlägt.

Diese Maske bzw. Charakterstruktur ist in der Regel unbewusst und nicht symbolisiert also nicht im Bewusstsein verankert.

Außenstehende Beobachter können anhand der Mimik, Tonlage, Körperhaltung, Gestik, Sprache usw. also durch äußere körperliche Zeichen, Rückschlüsse auf den Charakter ziehen. Der beobachtete Mensch erkennt seine körperlichen Zeichen im wesentlich geringerem Maße. In der Regel schließt der Beobachtete aus den Reaktionen des Beobachters, auf sein Verhalten.

Charakter und Verhalten sind zu unterscheiden. Der Mensch verhält sich häufig auf der Grundlage seines Charakters. Das Verhalten wird auch durch andere Einflussgrößen bestimmt. Zum Beispiel von Zielen, gegenwärtigen Gefühlen, Erwartungen des Anderen usw..

Die Inhalt des Absatzes zeigt die Grenzen der logisch/ empirischen Erkenntnis und die des Behaviorismus auf. Verhalten ist also nicht nur bedingt von den Reizen der Umwelt, wie es die Verhaltenspsychologie annimmt sondern von mehreren Einflussgrößen.

Verlassen wir die Komplexität des oben aufgezeigten Geschehens. Zum Abschluss des Artikels werden die Erkenntnisformen betrachtet und es erfolgt eine Ausführung, warum die logisch/ empirische Erkenntnis derzeit wenig geeignet ist die Bildung von Symbolen und Phänomenen zu erfassen.

Im weiteren wird begründet warum die Emotionen einen überragenden Einfluss insbesondere unbewusst auf die Bildung von Symbolen und Phänomenen haben und damit der gefühlsmäßig geprägte Charakter und das gegenwärtige Gefühl.

Anhand einiger Beispiele wird versucht die Annahme zu begründen.

Caterpillar führte vor über einem halben Jahrhundert orange und grüne Landmaschinen ein. Die bisherigen, häufig gedeckten, braunen Farben wurden durch frische Farben ersetzt. Insbesondere dadurch wurde Caterpillar zum größten Landmaschinenhersteller der Welt. Andere Hersteller führten den Farbwechsel erst wesentlich später durch. Selbst farbige Turbinen sind beim Käufer beliebter als nicht gefärbte Turbinen. Die äußere Anmutung führt zum bevorzugten Kauf.

Viele empirische Studien des Marketing stellten fest, dass Käufe, ebenso multipersonale Käufe zu über 50 % emotional motiviert sind also von Gefühlen, nicht von logisch/ empirischen

Erkenntnissen bestimmt werden.

Noch vor einigen Jahrzehnten bestimmte die Qualität eines Produktes die Wahl des Kaufes. Heute wird die Wahl des Kaufes überwiegend vom Design also dem Äußeren des Produktes bestimmt. Siehe insbesondere H&M und Premium Hersteller wie Apple, Louis Vuiton. Mercedes-Benz soll 50 Ingenieure beschäftigen, die sich damit befassen, den satten Ton des Zuschlagens der Autotür zu untersuchen.

Ehe-, Lebens- und Geschlechtspartner werden im überwiegendem Maße gefühlsmäßig gewählt. Wenn auch bei Frauen der Status und die finanzielle Lage des Mannes und bei Männern das Aussehen von Frauen eine zentrale Rolle spielt.

Betrachten wir einige politische Beispiele. Ein sehr gefährliches Pflaster. Bei vielen extremen rechten und linken Parteien, insbesondere in der Vergangenheit ist der Hass eine zentrale Größe der Motivation der Massen. Hitler und Goebels sind beste Beispiele.

Ohne dass ich lebende Politiker nennen möchte sei angemerkt, dass diese Vertrauen, Hoffnung auf Stabilität und Fortschritt vermitteln wollen und bemüht sind sympathisch zu erscheinen.

Vertrauen, Hoffnung und Sympathie sind eine andere Kategorie von Gefühlen als die, der reinen Gefühle. Zur Erinnerung die Kategorie eins der reinen Gefühle:

Die bipolaren zwölf reinen Gefühle

Positive   -   negative

Liebe   -   Hass

Freude   -   Trauer

Mut   -   Angst

Wohl sein,
schmerzlos? - Schmerz   ? Gibt es andere Begriffe?

Gelassenheit? - Wut   -   ? Gibt es andere Begriffe?

Lust ?   - Leid ?

Vertrauen, Hoffnung sind gemischte Gefühle (Kategorie zwei) und sind dem Mut zuzuordnen.. Sympathie im Sinne von Zuneigung, Anerkennung ist dem reinen Gefühl Liebe zuzuordnen.

Im Unterschied zu den reinen Gefühlen sind die gemischten Gefühle mit körperlichen Empfindungen und gedanklichen Vorstellungen verbunden.. Vertrauen, Hoffnung und Sympathie sind im oben genannten Zusammenhang besonders mit Gedanken verbunden. Vertiefte Ausführung über die gemischten Gefühle (Kategorie zwei) werden in einem gesonderten Artikel veröffentlicht.

Gefühle des Charakters und gegenwärtige Gefühle überstrahlen, in der Regel unbewusst die ästhetischen Wahrnehmungsdimensionen.damit tritt eine dritte Dimension hinzu, die Gefühle, die die Symbol- und Phänomenbildung am stärksten bestimmen und das meistens unbewusst.

Die ästhetische bzw. sinnliche Wahrnehmung ist durch drei Dimensionen geprägt:

Durch die sechs Wahrnehmungskanäle

Durch die ausgewählten, wahrgenommenen Eigenschaften der betrachteten Realität

Im wesentlich durch die gegenwärtigen Gefühle und die der Charakterstruktur

Der eigene Gefühlszustand wird häufig in die Realität hinein interpretiert und bildet somit das Modell von der Realität im Lichte dieses gegenwärtigen Gefühlszustandes ab. Die ängstliche Charakterstruktur einer Person verstärkt diese Interpretation. Ein sich ängstigender Mensch wird die Dunkelheit oder einen dunklen Keller als Furcht einflößend, wahrnehmen. Der mutiger Mensch wird den Keller dunkel wahrnehmen aber sich nicht ängstigen. Ein Mensch der im Dunklen schlechte Erlebnisse gehabt hat, wird den dunklen Keller als bedrohlicher ansehen, als ein Mensch, der in der Dunkelheit keine schlechten Erfahrungen gemacht hat.

Anmerkung: Furcht ist dem Begriff Angst zuzuordnen und ein gemischtes Gefühl.

13. Exkurs reine und gemischte Gefühle (Kategorie eins, Kategorie zwei)

Jedes reine Gefühl kann auch in Form des gemischten Gefühls auftreten. Um Ihnen das zu verdeutlichen, sei das Beispiel des reines Gefühl der Liebe mit seinen drei Ausprägungen gewählt.

Die Spielformen der Liebe:

Der emotionale Charakter der Liebe bedeutet für viele Menschen Zuwendung, Zuneigung, sich wohl fühlen. Bei dem Verlust des Geliebten, Trauer empfinden. Gleichklang empfinden aber es kann und da wird es kompliziert, auch das Lieben gemeinsamer Dissonanz gemeint sein oder die masochistische oder sadistische Liebe. Im Extremfall die Nekrophelie, die Liebe zum Tod bzw. die Totenliebe. Auf der anderen Seite, die Liebe zum Kind.

Diese reinen Ausprägungen der emotionalen Liebe können in die zweite Form der körperlichen bzw. sexuellen Liebe übergehen.

Die dritte Form der Liebe ist die platonische oder geistige Liebe. Hier verknüpft sich die emotionale Liebe mit den Gedanken. Interessen, Denkweisen, Anschauungen, gemeinsame Handlungen und Werten der Menschen. Sie lieben die gleichen Gedanken und Handlungen. Golf, Fußball, Autos, Kinder, Luxus, emphatisches Verhalten, die Liebe zur Philosophie, Physik, Medizin usw. verbinden die Menschen.

Um sich mit dem Begriff der Liebe auseinander zusetzen, sei Platons Symposium empfohlen. Symposium ins Deutsche übersetzt heißt: Das Gastmahl. Im Gastmahl erzählt Sokrates sehr kurzweilig von der Liebe und deren Formen. Die Ausführung sei nicht von ihm sondern er hätte es von einer weisen Frau namens Diotima gehört. Die Liebe ist eine Art Göttin im Pantheon der alten Griechen.

Weitere Vertiefung zu dem Thema in Erich Fromm, Kunst des Liebens, und Menschliche Destruktivität.

Der erste Absatz unter Formen der Liebe bezeichnet die reine Form der Liebe. Die emotionale Liebe verbindet sich nicht mit dem Körper oder den Gedanken.

Die sexuelle Liebe wird auch als körperliche Liebe bezeichnet. Die Liebe als Emotion verbindet sich mit den Körper. Das wird als gemischtes Gefühl bezeichnet.

Die platonische oder geistige Liebe verbindet Gedanken mit der emotionalen Liebe. Es handelt sich also um ein gemischtes Gefühl. Vertiefung hinsichtlich der Klassifikationen in einem der nächsten Beiträge.

14. Arten bzw. Klassen von Gefühlen

Im deutschen Sprachraum gibt es die Kluge – Liste. Die Liste umfasst ca. 200 Gefühle. Im anglo amerikanischem Raum gibt es eine Liste mit ca. 700 Gefühlen. Es sind Auszählungen, die nicht klassifiziert sind.

Erste Klasse: Wie in den oberen Ausführungen gezeigt, gibt es zwölf reine Gefühle.

Zweite Klasse: Gefühle, die den Charakter prägen und gegenwärtige Gefühle.

Dritter Klasse: Gefühle, die im Menschen entstehen und Gefühle. die von außen verursacht werden.

Vierte Klasse: Die gemischten Gefühle bestehend aus:

Gefühle, die sich mit anderen Gefühlen vermischen.

Gefühle, die mit Gedanken gemischt sind.

Gefühle, die mit dem Körper verbunden sind.

Fünfte Klasse: Reale und irreale Gefühle.

Sechste Klasse: Echte und unechte Gefühle.

15. Das Wesen der Emotionen und seine Erscheinungen

Das Gefühl hat einen Ruhe- und einen bewegten Zustand. Im bewegten Zustand kann es, wie das Licht, pulsierend und oszillierend auftreten. Unter dem Einfluss von Drogen zum Beispiel Mescalin sind Gefühlszustände farblich wahrnehmbar. Die Farbskala Ral 3000 umfasst 3000 verschiedene Farben. Ähnlich farbig könnten die Gefühlszustände sein? Dazu Aldous Huxley: „"Es zeigten sich goldene Lichter. Prächtige, rote Flächen, von hellen Knoten von Energie ausgehend, schwollen an und dehnten sich aus . In grauen Gerüsten tauchten bläulichblasse Kugeln auf, die sich verfestigten, geräuschlos aufwärtsglitten und verschwanden. Vgl. Aldous Huxley, die Pforten der Wahrnehmung, Himmel und Hölle, Serie Piper, 1977, München.

Umgangssprachlich werden einigen Gefühlen Farben zugeordnet. Ein erster Versuch. (Siehe dazu die Grafik auf dem Titel):

Liebe – rot, rosa, lila

Trauer – schwarz

Depression – grau, dunkelgrau, hellgrau

Wut – rot, er wurde vor Wut ganz rot im Gesicht

Hass – weiß, bleich sie wurde vor Hass ganz weiß im Gesicht

Angst – weiß, undbleich das Blut wich ihm aus Angst aus dem Gesicht, der Angstschweiß trat auf die Stirn, flau oder mulmig im Magen

Freude – gelb, strahlendes Gelb

Mut – hier könnte man blau zuordnen

Die Farbe des positiven Gefühls und des Lebens, das Grün der Pflanzen

Die Farben der Blumen wenn sie blühen

Die Farben der positiven Gefühle sind eher hell schattiert

Die Farben der negativen Gefühle sind eher dunkel schattiert

Die Töne des Gefühls:

Liebe – warmherzig, hell, schwingend, beschwingt,melodisch, eher leise

Trauer – verlangsamt, dunkel, Moll, leise

Wut – laut, kreischend, unruhig und

Freude – melodisch, harmonisch, hell, sonnig

Angst – bedrohlich

Hass – kalt

Gelassenheit – ruhig

Die Temperatur des Gefühls:

Liebe – warm,strahlend, sonnig

Trauer – kühl, die Kühle des Grabes

Wut – heiß, er war heiß vor Wut

Freude – warm,strahlend, sonnig

Hass – kalt,kalt vor Hass machte er ihn nieder

Gelassenheit – wohl temperiert

Angst – fröstelnd, er fröstelte vor Angst,der kalte Angstschweiß trat ihm auf die Stirn

16. Die drei Erkenntnisformen nach Rogers

Laut Rogers(Zusammenfassung nach Linster (1980, S. 179)) gibt es drei Erkenntnistheorien.

Die subjektive Erkenntnis. Dieses ist nicht die klassische Subjektivität einer Meinung sondern bezieht sich auf die Erkenntnis der eigenen Gefühlslage. Zum Beispiel hasse ich jemanden oder will ich ihn weniger stark hassen .

Die objektive Erkenntnis. Hier handelt es sich um die Erkenntnis im klassischen Sinne unter Zuhilfenahme unserer Logik und Empirie.

Die intersubjektive oder emphatische Erkenntnis. Diese ist weit komplizierter als das auf den ersten Blick erscheint. Das Hineinversetzen in den anderen, insbesondere hinsichtlich seiner gefühlsmäßigen Lage oder seiner Sichtweise bezogen auf das Wertesystem. In der vereinfachten Form auch mitführen genannt. Auf den ersten Blick scheint uns das ungewohnt aber dennoch ist es für viele möglich.

Die emphatische Erkenntnis ist insofern kompliziert, wie die Phänomenologie als auch die Kantsche ästhetische Wahrnehmung, das Verständnis dieser Erkenntnisraum erheblich erschweren.

Zuerst sei der Zusammenhang verdeutlicht, den die emphatische Erkenntnis mit der Phänomenologie aufweist.

Ist die Realität für den Einfühlenden und für den, in den eingefühlt wird, gleich also objektiv, so wäre es relativ einfach. Die emphatisch Erkennende müsste sich nur in die Gefühlslage des anderen hineinversetzen. Da von beiden die Realität unterschiedlich wahrgenommen werden kann und in der Regel wahrgenommen wird, muss der Einfühlende sich nicht nur in die Gefühlslage des anderen versetzen sondern auch die Realität, so wie dieser sie wahrnimmt,berücksichtigen.(siehe oben der Vorgang des Symbolisierens bzw. bilden von Phänomen). Alle oben genannten drei Dimensionen müssten dabei Berücksichtigung finden.

Welche relevanten Wahrnehmungskanäle bzw. welcher Wahrnehmungskanal wird genutzt?

Welche relevanten Eigenschaften der betrachteten Realität werden symbolisiert?

Welche relevanten Gefühle werden symbolisiert?

Welche relevanten Wahrnehmungskanäle werden nicht oder nur eingeschränkt genutzt?

Welche relevanten Eigenschaften der Realität werden nicht symbolisiert, sind unbewusst?

Welch relevanten Gefühle sind unbewusst, werden also nicht symbolisiert (Charakter, gegenwärtige Gefühle?

Die gleichen Fragen müsste sich der, die emphatische Erkenntnis nutzende Beobachter gleichfalls stellen! Insbesondere müsste der Beobachter seine Relevanz und die Relevanz des Beobachteten hinsichtlich der oben gestellten Fragen, überprüfen (Unter anderem mittels Supervision).

Literatur

Gadamer, H. G.: Die Aktualität der Schönen. Reclam, Stuttgart 1977, gedruckt 1998

Linster, H. W.: Gesprächspsychotherapie. In: Linster, H. W., Wetzel, H. (Herausgeber) Veränderung und Entwicklung der Person: Grenzen und Möglichkeiten psychologischer Therapie. Hoffmann und Campe, Hamburg 1980 S. 170-129

Rogers, C. R.: Die klientenzentrierte Gesprächspsychotherapie. Kindler, München 1976

Bhagavadgita, Diederichs Gelbe Reihe, vierte Auflage, 1985, Köln

Alan Watt, Der Lauf des Wassers, Suhrkamp Taschenbuch 878, 1983

Aldous Huxley, Die Pforten der Wahrnehmung, Himmel und Hölle, Piper, 7. Auflage, 1977

Gebundene Bücher bei Amazon erschienen.

Suchbegriff: Bücher Hubertus Ihn

Depression

Trauer

Theorie des Bewusstseins

Emotionen kontrollieren

E-Books, Hubertus Ihn, unter Amazon, Kindle zu finden

Kritische Theorie Bd. 1, von Adorno zur humanen Gesellschaft

Kritische Theorie Bd. 2, Empörung der Bürger

Vita

Hubertus ihn unterrichtet seit über 30 Jahren an verschiedenen Universitäten (u.a. Leuphana, Lüneburg, Open University (Fernuniversität Hagen), Universität Göttingen, Philosophie, Psychologie, Unternehmensführung und Marketing.

Der Autor verfügt über eine pädagogisch orientierte Ausbildung in humanistischen Therapieverfahren der Universität Bremen. Inhalte: Gesprächstherapie nach Rogers, Gestalttherapie (Perls), Bioenergetik (Lowen), Transaktionsanalyse, Familientherapie (Satir) und Psychodrama (Moreno).

Außerdem besitzt er tiefgreifende Erfahrung in Meditation und dem 8 stufigen Raja Yoga, inklusive Hatha Yoga und Pranajama.

Als Berater ist Hubertus Ihn für verschiedene DAX und Dow Jones sowie kleinerer und mittelständischer Unternehmen tätig.

Weiterhin ist er Autor zahlreicher Publikationen in den Bereichen Marketing, Philosophie und Psychologie und Publikationen und Filmen über Psychologie und Unternehmensführung.